SHODENSHA
SHINSHO

育てられない母親たち

石井光太

JN110436

祥伝社新書

はじめに

児童相談所への児童虐待の相談件数が、二〇一八年度は約十六万件にもなった。前年と比べても約二万六千件も増加したことになる。

ニュースは毎月のように凄惨《せいさん》な虐待事件が起きたことを報じており、人々はそれを見る度《たび》に加害親の非情な暴力を罵《ののし》り、児童相談所や学校の対応の不備を批判したりする。そうした時代の中で、映画やドラマのテーマとして、「虐待」「毒親」「家庭内暴力」が取り上げられることも多い。育児困難や虐待が、現代を象徴する社会問題の一つであることは確かだろう。

とはいえ、育児困難や虐待は今にはじまった問題ではなく、以前から起きていたという指摘もある。現に私自身の子供時代をふり返っても、思い当たる事例はいくつもある。父子家庭で毎日同じ服を着て、多くの歯が虫歯で溶けていた少年、父親とセックスをしていることを吹聴《ふいちょう》していた知的障害のある女の子……。彼らは間違いなく社会的擁護の対象となるはずの子供だった。

こうしたことが表面化しなかったのには、いくつか理由があると考えられている。

・周囲に親類が大勢住んでおり、地域で子供をサポートする環境があった。
・親の体罰による〝しつけ〟が社会の中で容認されていた。
・心理的虐待など、虐待の概念が今ほど確立されていなかった。
・社会や学校に虐待を発見するシステムが整っていなかった。

これら以外にもたくさんの理由があり、昔は育児困難や虐待があまり表に出てこなかったのだ。

ところが、近年は凄惨な虐待事件が起きたり、虐待が子供に与える精神的な悪影響が科学的に証明されたりすることにより、社会の中で啓発活動が進み、発見・介入の機会が格段に増えた。児童相談所への虐待相談件数が急増した背景には、そのような事情も大きく影響している。つまり、近年になって唐突に虐待が増えたのではなく、これまで潜在化していたものが表面化したという見方もできるのだ。

こうした背景はあるにせよ、現代社会の中で育児困難や虐待が大きな問題となっていることはゆるぎない事実だ。社会は様々な方向から、予防のための取り組みをはじめている。

NPOによる育児支援、自治体による育児に関する相談窓口の設置、児童相談所による児童の保護、保育園等での一時保育、低所得家庭への経済支援、保育園や学校での啓発活動……。年々セーフティーネットの輪は広がっていると言えるだろう。

しかしながら、社会的支援は充実しているはずなのに、相談件数も含めて問題がなかなか減らないのはなぜなのだろう。

これまで私はたくさんの虐待事件や育児困難事例を取材してきたが、そこから言えるのは、該当する家庭が抱えている問題が単一ではないという点だ。

メディアが虐待事件を報じる時、非常にわかりやすい構図で説明しようとすることが多い。無職の男性が酒を飲んで、血のつながっていない妻の連れ子に暴力をふるって大ケガを負わせたなどだ。こういうニュースを見れば、視聴者の大半は、凶暴な男が、愛情を抱けない連れ子を殴った事件だと受け取るだろう。

しかし、このニュースには細かなことは何一つ示されていない。なぜ男性は無職なのか、なぜ酒を飲んでいたのか、なぜ血のつながっていない子と一緒に暮らしていたのか、なぜ妻は子供をつれて逃げなかったのか、なぜ事件が顕在化したのか。事件を取り巻くいくつもの重要なポイントがまるっきり抜け落ちてしまっている。だからこそ、単純にこう考えてしまう。

「この男は鬼畜《きちく》のような悪い人間だ。妻と子供から夫を引き離せば問題は解決するはずだ」

本当にそうなのだろうか。

これまでの取材経験から感じるのは、彼らが抱えている問題が手に負えないほど膨《ふく》れ上がっている現実だ。単純に性格が粗暴だから暴力をふるったというのではなく、長い人生の中でいろんな問題が雪だるま式に大きくなってしまい、二進《にっち》も三進《さっち》もいかなくなって精神的に追い詰められてしまう。その結果として起きているのが、育児困難や虐待なのだ。

ここで述べた「いろんな問題」とは、たとえば次のようなものだ。

親にきちんとした子育てができる経済的な余裕がない、核家族で周囲と完全に孤立している、親子の言語が異なって意思疎通ができない、親がドラッグやアルコール依存症になっている、行政に助けを求められない事情がある、精神疾患を発症している、親や子供に知的障害や発達障害がある、風俗など違法な仕事をしている……。

もし親が抱えている問題が一つであれば、病院へ行って治療を受けたり、行政の支援を受けたりすれば、生活環境を改善することは決して難しくない。核家族を地域につなげるNPOもあれば、依存症からの脱却支援をしている病院もある。そこへ行けば、何かしらの解決策を提示してもらえるはずだ。

だが、両親、もしくは一人の親が、これらの問題を同時に五つも六つも抱えていたら、どうだろうか。

たとえば、母親に知的障害があり、父親が反社会組織に属していて、二人してドラッグをやっている上、五人いる子供が引きこもって十年が経《た》っていてそれぞれ精神疾患を抱えて引きこもっていたとしよう。こうなれば、いくら何か一つの専門知識を持つ有能な支援者が介入したところで、短期間で家庭環境を改善させるのは至難の業《わざ》だ。

日本社会に多くのセーフティーネットがあるにもかかわらず、育児困難や虐待の問題が減らないのは、当事者がこのように複数の問題を同時に抱えてしまっているからだ。一旦《いったん》絡《から》み合ってしまった問題を解きほぐすには、様々な専門を持った人たちが長い時間をかけて取り組んでいかなければならなかったり、他機関で連携して問題解決に当たったりしなければならない。だが、現実には、それだけの時間や労力をかけることは非常に難しい。

本書で行うのは、育児困難や虐待の事例を単純に一側面から見るのではなく、その中に潜《ひそ》んでいる複合的な問題を解き明かしていくことだ。実際に起きた事案を一つひとつ細分《さいぶん》まで見ていくことで、どれだけの問題が、どのように絡み合っているかを浮き彫りにするのだ。先ほどのニュースの例で言えば、一つの出来事にある複数の「なぜ」を解き明かしていくことに他ならない。

こうしたことをする理由は何なのか。

それは、このまま育児困難や虐待を一側面から捉《とら》え、加害親を批判したり、公的機関にのみ責任を押しつけているだけでは、現在の状況が改善する見込みは立たないからだ。

今、問題解決の糸口として考えられているのは、多方面からの支援だ。当事者や関連機関だけでなく、保育園、学校、会社、肉親、近隣住民など周辺にいる人々みんなが問題を正しく理解し、それぞれの立場から支援をしていくということだ。それを実現するには、問題の構造を正しく知る必要がある。

本書では、いくつもの事例を通して、その構造を浮き彫りにしていこうと思う。家族はどのような問題を抱え、それがどのように絡み合って、解決するには何が必要なのか。事例の中には非常に複雑なものから、他と重複するようなものもあるだろう。いずれにせよ、共通するのは、誰の身にも起こりえるということだ。
そのことを踏まえながら、育児困難、虐待といったことが起こる背景に目を留《と》めていただきたい。

石井光太

※本書の事例に登場する人名は、支援機関の職員などを除き、原則として仮名であり、地名も伏せている。年齢は事例発生時のものとした。

目次

第一章

虐待にいたる道のり

「虐待」の四分類

児童虐待と聞くと、親が子供に暴力をふるうことだと考えるだろう。ただ、かならずしも暴力だけが虐待を示すわけではない。適切な育児をしないことや、夫婦間でのＤＶ（家庭内暴力）を日常的に見せること、あるいは罵声《ばせい》を浴びせかけるといったことも虐待行為に含まれる。

子供に対する虐待は、主に四つの種類に分類される。

・**身体的虐待**～保護者が子供に対して肉体的な暴力行為を行う。
・**性的虐待**～保護者が子供に対して性的な行為を強要する。
・**心理的虐待**～言葉で罵ったり、家庭内暴力を見せたりする。
・**育児放棄（ネグレクト）**～保護者が子供の面倒をみずに放っておいてしまう。

図①を見ていただければわかるように、この中でもっとも多いのが心理的虐待である。心理的虐待は、肉体的な暴力はなくても、親が子供を精神的に追いつめることを示している。罵倒や家庭内暴力を見せることの他、常軌《じょうき》を逸《いっ》したスパルタ教育、親によるきょうだい間での激しい差別、親が薬物依存症になって異常行動を見せることなど、子供たちに極度のストレスを与える行為も虐待に含まれるのである。

図①　児童虐待の内容別件数

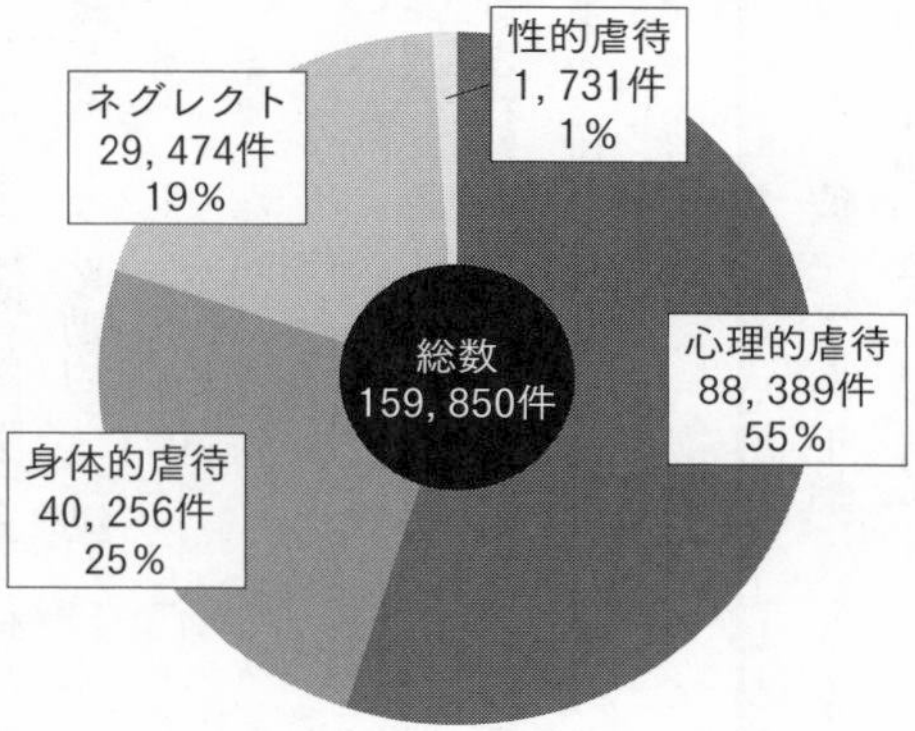

厚生労働省「平成30年度の児童相談所による児童虐待相談対応件数（速報値）」（2019年8月1日発表）から。児童虐待は前年度から26,072件増えて過去最多を更新した

肉体的な暴力にせよ、精神的な暴力にせよ、子供たちは虐待によって、どのような悪影響を被《こうむ》るのだろうか。

科学的な見地に立てば、子供は虐待によって脳の発達が著《いちじる》しく阻害されると言われている。被虐待児は、虐待のない家庭で育った子供とくらべて、脳の中の海馬《かいば》や扁《へん》桃体《とうたい》が萎縮して、脳の大きさそのものに違いが出てしまうのだ。

脳の発育が妨《さまた》げられれば、その機能に問題が生じる。扁桃体は喜び、痛み、恐怖心、記憶といった「感情」をつかさどる機能であり、海馬は目や耳鼻からの短期的記憶や情報をコントロールする機能だ。それらの発育が進まなければ、感情が乏《とぼ》しく、制御の利《き》かない人間になってしまう。

こうした子供は成長段階でその特徴が顕著になっていく。「他人の気持ちを理解しない」「落ち着きがなく多動的な行動が目立つ」「粗暴なふるまいをする」「身勝手な主張ばかりする」……。生まれつきの性格というより、脳が未発達なことによって、このような行動をとるようになるのだ。

さらに小学生から中学生くらいになれば、彼らはその特性から周《まわ》りの人たちとの関係性がうまくいかなくなる。自分勝手な行動が目立てば、同級生からいじめられたり、先生から注意されたりすることが増えるだろう。粗暴なふるまいが非行へと発展していくことだってある。周りとの関係に悩んで、うつ病や摂食《せつしよく》障害といった精神疾患を発症させてしまう人もいる。

こうした子供たちがさらに厳しい状況に追いやられるのは、義務教育が終了して社会へ出てからだ。彼らはその年齢にいたるまでに複数の問題を抱えているために、一つの仕事がつづかなかったり、周りとトラブルを起こしてしまったりする。そこで待っているのは、貧困や犯罪といった現実だ。

誤解しないでいただきたいのは、被虐待の子供がかならずこうなるわけではないというところだ。しかし、彼らが抱えるリスクは、虐待を受けていない人に比べて高いというのも事実だ。そういう意味では、虐待は、一時的な身体的被害にとどまらず、その人が一生背負わなければならない十字架のようなものと言える。幼少期の数年の虐待が、その後の七十年、八十年の人生を左右することがあるのだ。

社会は、こうした現状を踏まえた上で虐待を予防していかなければならない。だが、児童相談所の職員など現場に立つ人々を困らせているのは、加害者たちがほとんど自覚のないまま虐待を行っていることだ。自分では子供のためと思って行っているしつけが、傍《はた》から見れば虐待行為になっている。だからこそ、密室の中で平然と長期間にわたって虐待がつづいてしまう。

どうしてそういうことが起きてしまうのか。そのために虐待が引き起こされる構造をきちんと読み解いていく必要がある。本章では、三つのケースを紹介したい。まず取り上げるのは、良い母親になろうと努力するうちに、いつしか恐ろしい虐待親となってしまった事例だ。

ケース①「完璧なママ」が「虐待ママ」に

萩尾桂里奈《はぎおかりな》が夫の大志《たいし》と結婚したのは、二十二歳の頃だった。

桂里奈は高校卒業後にバイト生活をしている時に、インターネットで知り合った大志と交際をはじめた。

大志は金融関係の仕事をしており、離婚歴が一度ある三十代後半だった。大志からしてみれば一回り年下のかわいらしい相手だったし、桂里奈からすれば社会的地位のある男性だ。二人はお互いに熱を上げ、付き合ってからわずか半年後に入籍した。

大志は短期間で結婚に至った理由について次のように述べる。

「僕は彼女の家庭的なところが気に入ったんです。デートの時はかならず豪華なお弁当をつくってくれた。時には重箱に入ったおせち料理みたいな豪勢なものもありました。毎回デザートも用意してくれていましたね。

あと、僕の友人に対する気配りも素晴らしいものがありました。町のレストランで会っているのに、わざわざクッキーを焼いてお土産《みやげ》に渡したり、帰ってすぐにお礼のハガキを書いたりするんです。友人は『いい子だな』ってベタぼめでした。

僕は一度結婚で失敗しているので、再婚には慎重でしたが、彼女とならば幸せな家庭を築けるみたいな確信があったんです。彼女の方も仕事は苦手だけど、家のことは大好きと言っていたので、ちょうどぴったり合うなという気持ちで結婚を決めたんです」

大志はそれなりの給料をもらっていたし、前妻との間に子供もいなかったことから、自分は仕事をして、彼女には家庭のことをやってもらいたいという思いがあった。

結婚後、二人は大志の実家で暮らすことになった。母親が体調を壊していたのと、マイホームを手に入れるまで節約したいという考えがあったためだ。

実家に引っ越してからも、桂里奈の献身的な態度は変わらなかった。朝五時には起きて大志だけでなく、義理の両親のご飯の用意をした。毎日家の隅々までモップや雑巾《ぞうきん》で磨《みが》き、病気だった義母の介護から買い物まであらゆるサポートをした。夕食は六、七品つくり、食後は手作りのデザートを出した。夫が仕事先の人と飲み会に行くことがあれば、その日の朝までに人数分のお土産を用意した。

大志は同居する母からくり返し言われた。

「おまえには出来《でき》すぎたお嫁さんなんだから、大切にしなさい」

だが、結婚生活が長くなるにつれて、大志は桂里奈の別の側面を目にすることになった。彼女は夫に尽くす一方で、認めてもらいたいという気持ちがつよく、自分の期待していた通りにならないと感情を昂《たかぶ》らせた。一旦そうなると抑えが利《き》かなくなり、所かまわずに怒鳴り散らしたり、そこらへんにあるものを手当たり次第に投げてきたりするのだ。

一度、大志が仕事で四日家を空けたという理由だけで、炊飯器を投げて大きな窓ガラスを割ったことがあった。道路に面した二階だったため、ガラスや炊飯器が道路を歩いていた通行人にぶつかりそうになって大騒ぎになるほどだった。

大志は、桂里奈の感情の起伏の激しさに辟易《へきえき》することもあったが、まだ二十代前半だし、自分を愛してくれているがゆえのことだと受け取り、我慢していた。もう少しして結婚生活に慣れれば、だんだんと感情をコントロールすることもできるだろうと楽観していたのである。

罪悪感と被害妄想と

結婚から一年して、大志と桂里奈の間に待望の赤ん坊が誕生した。女の子だった。

桂里奈は育児に関する本を何冊も買って熱心に子育てをはじめた。大志は、彼女の律義《りちぎ》な性格なら、きっと子育てもうまくやってくれると考えていた。

最初は育児本通りに時間を決めて沐浴《もくよく》させたり、体温変化に気を付けて服を重ね着させたりと順調にやっていたが、生後四、五カ月経った頃から、桂里奈の様子が少しずつ変わりはじめた。

きっかけは娘の湿疹《しっしん》だった。全身の肌が赤くガサガサになって、かゆがって泣きじゃくることが多くなったのだ。日によっては夜の間ずっと泣いていることもあった。桂里奈はなんとかしようと病院へつれて行って、処方された薬をしっかりと塗《ぬ》ったが、なかなか良くならなかった。別の病院へ行って、違う薬をもらっても同じだった。

桂里奈は娘の湿疹のことで頭が一杯になり、次第に家事に手が回らないようになっていった。これまで家族全員がやり過ぎだと思うくらいにやってきた料理や掃除や介護に、少しずつほころびが生じだす。桂里奈は完璧主義的な性格からか、家族に迷惑をかけてしまっているという罪悪感を抱いて心のバランスを失っていった。

最初、桂里奈は、義母から「ダメ嫁」と見なされているという被害妄想を膨らませはじめた。大志が会社から帰ると、毎日のように「お義母《かあ》さんが掃除ができてないと言って意地悪をしてくる」とか「子供の病気をちゃんと治していないと思われて無視されている」という話を長々とする。完璧に家事をこなせていないという罪の意識から、義母に白い目で見られていると考えたのだ。

「大丈夫、お母さんは桂里奈のことを責めてないよ」

大志がそう慰《なぐさ》めても、彼女は聞く耳を持とうとせず、「あなたも私のことを〝つかえない女〟って思っているんでしょ！」などと噛《か》みついてくる。そして決まってこんなふうに声を荒らげるのだ。

「あなたは、マザコンよ！　だから、お義母さんの味方をして私のことをダメ嫁って考えてるんだ！」

頭に血が上《のぼ》ってしまうと、まったく会話が成り立たなくなってしまう。いつも先に引くのは大志の方だった。娘の発疹が治れば、また落ち着いて家事ができるようになるし、そうなれば被害妄想もなくなるだろう。そう考えて桂里奈の言葉を聞き流した。


だが、家族関係はなかなか元にもどらなかった。娘の発疹の原因がアレルギーだったことがわかって、薬と食生活の改善で良くなったのだが、今度は娘が頻繁《ひんぱん》に体調を崩すようになったのだ。一歳になってすぐに高熱を出したのをきっかけに、毎月のように下痢《げり》をしたり、嘔吐《おうと》をしたりしだした。また、この頃から歩きはじめたが、その際に後ろに倒れて頭を打つ、階段から落ちるという事故も起きた。

こんな状態だったので、娘はいつもどこかの病院にかかっていた。桂里奈は娘の看病に付きっ切りにならざるを得なくなり、だんだんと家事が疎《おろそ》かになっていることに必要以上の罪悪感を抱かなくなった。だが、看病もやり過ぎと思うくらいやっており、丸二日間眠らずに付き添ったことで、自分が倒れて病院へ行くことになったこともあったほどだ。

大志は語る。

「この頃には、桂里奈は家事はほとんどしなくなっていました。娘のことに追われて、それどころじゃないという感じでしたね。結婚当初とはまったくの別人でしたが、僕としてはパニックになったり、被害妄想になったりするよりはいいかなと思っていました。

娘については、アレルギーをはじめとして病気やケガを頻繁にするので、病弱なのかなというふうに考えていました。ただ、病気やケガが時としてかなりひどくて、転《ころ》んでたんこぶができるとかじゃなく、流血するくらいまでいっていたんです。

僕が考えたのは、娘に障害があるんじゃないかってことです。それで体をうまく動かせなかったり、病気が悪化しやすかったりするのかな、と。会社の人に紹介してもらった小児専用の病院で検査を受けさせてみたんですが、医者からは特に異常はないと言われました」

問題ないのなら、なんで娘は常に病院にかかっているのか。大志は晴れない思いを抱いていたが、医師にそう言われれば自分を納得させる他になかった。

程《ほど》なくして、予想もしていなかった事実が明らかになる。

その日、娘は病気になって嘔吐をくり返し、意識が朦朧《もうろう》としていた。桂里奈は徹夜で看病をつづけていた。大志は会社に休みをもらい、疲れているはずの妻を休ませ、かかりつけのクリニックではなく、地元で一番大きな病院へつれていった。すると、医師から意外なことを言われたのである。

「何か、洗剤とか薬品のようなものを誤飲《ごいん》しませんでしたか」

通常の風邪では見られない異変があったのだろう。調べたところ、娘が洗剤のようなものを大量に飲んでいたことが判明した。

大志はそれを聞いた時、これまで娘が何度も同じ症状に陥《おちい》ったことを思い出して一つの疑念を抱いた。娘が頻繁に体調を壊していたのは、病気や事故でなく、桂里奈の手によるものではないか。

こう考えたのには、それなりに根拠があった。大志の言葉である。

「うちの子はしょっちゅう同じような症状になっていました。もし洗剤の誤飲だったとしたら、娘が自分でやるわけがない。洗剤は絶対に子供の手には届かないところにあり、一歳の子があんなにまずいものを何度も飲むとは考えにくいからです。

もし本人以外でそれができるとすれば、娘の傍《そば》に二十四時間いた桂里奈だけでした。彼女は片時も娘の傍から離れようとしていなかった。やったとしたら、彼女としか考えられない。だとすると、ケガのこともつながってくる。彼女が犯人だということです。つまり、桂里奈が娘に洗剤を飲ませたり、怪我を負わせたりしていたんじゃないかって思ったんです」

大志は桂里奈を呼んで真意を問いただした。当初、彼女は否定していたが、つよい口調で問い詰めたところ、泣きながら言った。

「私がやりました。ごめんなさい」

一体なんでそんなことを。大志が理由を聞いても彼女は泣くだけで答えようとしなかった。

大志は今後のことを考えたが、このまま桂里奈を娘の傍に置くのは危険だと考えずにいられなかった。

桂里奈はやったことを認めて謝《あやま》ったが、理由はかたくなに言わなかったし、これまでのことからすれば感情をコントロールできるとは思えなかった。次に同じことが起きた時、娘を守ってあげられる保障はない。

ひとまず桂里奈に実家に帰るように言ったものの、彼女はそれを拒《こば》んだ。もともと両親と疎遠で、連絡さえほとんどとっていなかったのだ。今さら帰れないというのが彼女の言い分だった。

大志は、それなら自分が説明する、と言って桂里奈の実家へ赴《おもむ》き、両親にこの件について説明した。桂里奈のやったことは虐待であり、リスクを抱えたまま娘の傍に置くことはできないので、一時的にでもいいから預かってほしいとつたえた。

すると、桂里奈の母親が予想もしなかったことを言った。

「すみません。あの子は学生時代も同じ問題を起こしたことがあるんです」

母親によれば、桂里奈の兄に知的障害があったことから、両親は常にそちらにかかりきりだった。それで桂里奈は寂しい思いをしたのだろう、振り向いてもらいたいがために我がままを言ったり、極端にいい子を演じたりすることがあった。

小学生の頃、一家が飼っていた犬が足をケガしたことがあった。その時、桂里奈が付きっ切りで世話をしたことから、両親は「優しくていい子」だとほめた。桂里奈はそれが嬉しかったのか、その後もはりきって世話をしつづけた。

だが、犬の足の状態は良くなるどころか、どんどん悪化していった。両親がなんでだろうと思っていたところ、犬の態度の変化に気がついた。桂里奈が近づくと、犬は極度に恐れる様子を見せるようになったのだ。父親が訝《いぶか》しく思って観察をすると、彼女が犬の怪我した足を傷つけている現場を発見した。

なぜそんなことをしたのか。父親に咎《とが》められた桂里奈は答えた。

「犬の世話をしているとほめられてうれしかった。犬のケガが治っちゃうのが嫌だった」

犬の介護をしていれば、両親にずっと向き合ってもらえると考えたのだろう。

きっと桂里奈が娘に洗剤を飲ませたり、転んだと見せかけてケガをさせたりしたのも、同じような理由からだったに違いない。夫に献身的な母親であると認めてもらいたいからこそ、その機会をつくるために娘の体調を故意に壊していたのだ。

大志は次のように語る。

「桂里奈は人一倍いいように見られたいという気持ちが強いんだと思います。そのためなら、何でも犠牲にしてしまう。だから、家事をあれだけ見事にこなしていたんだろうし、僕の母親や仕事仲間にも怖いくらいに熱心に尽くしたんでしょう。

でも、娘の子育てがうまくいかなくなって、完璧主義に限界がきてしまった。その時、なんとか自分を良く見せようとするあまり、娘に洗剤を飲ませたり、ケガを負わせたりした上で必死に看病をしているところを見せようとしたのではないでしょうか。良いママである自分をほめてもらいたかったんだと思います」

桂里奈の取った行動はあまりに浅はかであり、危険だ。ただし、彼女には彼女なりの理屈があるのも事実だ。子供時代の家庭環境によって、自分を見てほしいという気持ちが人一倍あり、それが様々な形でこじれて成人になってからもつづいて、虐待と呼ばれる行為に至ったのだ。

こうした桂里奈の行動は、「代理ミュンヒハウゼン症候群」と呼ばれる精神疾患の一つとされている。実はこれによって虐待が起きる例は想像以上に多く、厚生労働省の調査では児童虐待の死亡事件（心中以外）のうち四・五パーセントに代理ミュンヒハウゼン症候群がかかわっているとされている。

ただ、桂里奈の例からわかるように、これは風邪《かぜ》みたいにある日突然ウイルスに感染してなる疾患ではない。幼少期からの様々な積み重ねの上になるものであり、発見も困難であれば、治療も簡単ではない。

桂里奈の場合は、大志や両親が理解を示したことで、家族の支援を受けながら病院へ通って精神的な治療を受けることになった。ここから家族の統合までは、長い道のりが必要になるだろう。

この事例からわかるのは、時として「完璧なママ」は、「虐待ママ」と表裏一体かもしれないということだ。

ケース②　DVの連鎖から生まれる悲劇

DV（ドメスティックバイオレンス）とは、配偶者やパートナーに対して暴力をふるうことを示す。一般的には、夫が妻に対して暴力をふるうことが大半だが、最近はデートDV

といって未婚のカップル同士のDVも問題になっている。

二〇一八年度の一年間で、警視庁に寄せられた配偶者からのDVの相談件数は、九千件以上。「逆DV」と呼ばれる、女性から男性へのDVも少なくなく、全体の十七・四パーセントが男性からの相談だ。

図② DV相談件数

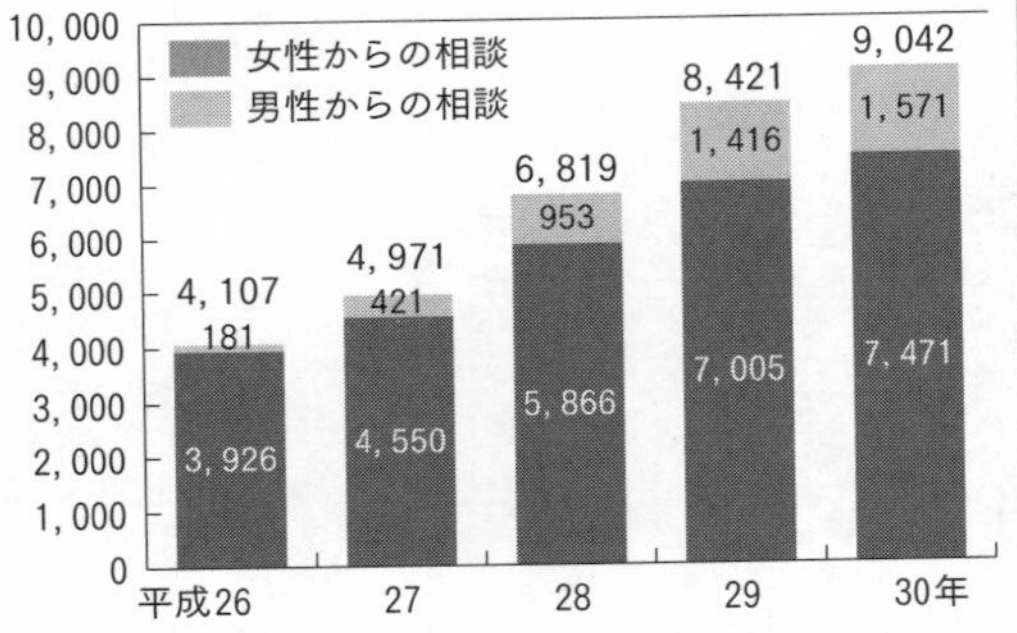

警視庁「配偶者からの暴力相談等受理状況」(2019年4月)による

DVの相談件数は年々増加している。図②を見ていただければわかるように、逆DVの数も右肩上がりになっているのだ。この要因の一つとして、近年一気にDVが増えたというより、これまで隠されていた問題が、時代の流れの中でだんだんと表出していったことが考えられる。

社会問題としては、DVと児童虐待は別のものという認識がつよい。DVはあくまでも配偶者やパートナー間で起こることであり、児童虐待は保護者が子供に対して行うことである。

ただし、児童虐待の現場に光を当てると、このDVが児童虐待と密接に関係していることがわかる。これは大きく二つの理由から当てはまる。

一つが、すでに述べたように児童虐待の中の心理的虐待に、親のDVを日常的に見せられる行為が含まれていることだ。親が日常的にDVをくり返していれば、子供に対して心理的虐待を加えたことになるのだ。そういう意味では、DVはそのまま児童虐待につながると言える。

二つ目が、これから述べるように、DVの延長線上で子供への暴力が行われることだ。具体的なケースを紹介することで、どういうことかを見ていきたい。

合鍵をくれた男

谷岡摩耶《たにおかまや》は、両親の顔をほとんど知らず、まともにしゃべったことさえなかった。両親は摩耶が生まれる前に離婚し、母親は摩耶を実家の祖父母の元に置いて都会へ働きに出てしまった。祖父母は仲が悪く摩耶の面倒をみることができず、親戚の間をたらい回しにした末、小学二年の時に児童養護施設に入れられることになった。

摩耶は悪い子でいれば、捨てられるとの不安から、行く先々で「いい子」を演じていた。勉強もスポーツもがんばり、学級委員なども務めた。本人としてはそれが当たり前でさして苦に感じたことはなかったという。

だが、中学校に上がり、摩耶を取り巻く状況が変わった。小学二年から六年まで入っていた施設を出て、伯母《おば》の家で暮らすことになったのだが、この伯母が情緒不安定で摩耶にいじわるをしてきたのだ。日々の生活が嫌で嫌でたまらなく、学校でもクラスメイトになじめずに孤立するようになった。

摩耶はだんだんと家庭や学校から遠ざかるようになる。どこへ行く当てもなく、日中から制服のままで町をフラフラするのだ。警察に見つかれば補導されるため、公園のトイレにすわって漫画を読みふけったり、人目につかない川辺の草陰で過ごしたりしていた。

冬になって気温がぐっと下がると、だんだんと外にいるのがつらくなった。かといって、今更《いまさら》学校には行きたくない。そんな時に知り合ったのが、小田島正樹《おだじままさき》という男性だった。二回りくらい上の三十三歳。何度か公園で顔を合わせているうちに、声をかけられたのだ。

「寒いだろ、うちに来るか」

摩耶は寒さをしのぎたい一心で、その男の家に行った。

当時、正樹は配送関係の仕事をしていたが、実質的にはフリーター同然だった。親に借りてもらっているワンルームのアパートに暮らし、週に何度かアルバイトをするという生活だった。

摩耶によれば、正樹は物静かで几帳面《きちょうめん》な性格だったそうだ。初めて家に行った日もパンとジュースをくれて、夕方まで一緒にゲームで遊んでくれた。その後も、合鍵を渡され、「自分が出かけている時も好きに部屋をつかっていいよ」と言ってくれた。

彼女の言葉である。

「外にいるよりいいって思って、アパートに通いはじめたんです。ゲームも漫画もあって暇つぶしができたし、冷蔵庫の中身も勝手に食べてよかった。彼がいる日といない日は半々くらいですかね。仕事がある日は、午後の六時くらいに帰ってきてコンビニのケーキを買ってきてくれたり、映画のＤＶＤを借りてきてくれたりしました。レイプされそうになるとか、暴力をふるわれるとか、怖い思いはなかったので、私としては自分の部屋ができたみたいな気持ちでした」

家族がほしかった

アパートに通いはじめて一年ほどが経った中学二年の終わり、それまでの二人の関係が一変する。アパートでゲームをしていたところ、正樹が突然摩耶に抱きついてきて、性行為を求めたのである。摩耶はこれまで散々世話になっていたこともあって断ることができなかった。

この日から、正樹は急に高圧的な態度をとるようになった。性行為を求めるだけでなく、買い物をしてこいだとか、マッサージをしろと命令をしてきたのだ。摩耶が少しでも嫌がる素振りを見せると、これまで自分がどれだけのことをしてきたのかと懇々《こんこん》と語り、時には暴力をふるう。

伯母に二人の関係が知られたのは、中学三年の時だった。すでに学校へ行っていないことは明らかになっていたが、どこへ行っているかは黙っていた。だが、正樹の暴力が原因で首の後ろを六針縫《ぬ》うケガをしたことで、その存在を打ち明けなければならなくなってしまったのだ。

伯母は摩耶に、正樹ともう会うのを止《や》めなさい、と迫った。だが、摩耶は伯母のことが嫌いだったために耳を傾けようとせず、またすぐに正樹のアパートに通うようになった。

暴力をふるう相手であっても、摩耶にとっては学校や家よりはるかに居心地が良かったのである。

中学を卒業した二年後、摩耶は正樹の子供を身ごもった。彼女は周囲の反対を押し切り、結婚することにした。

当時の心境を摩耶は語る。

「彼の暴力についてはDVっていう認識はなかったですね。怒りっぽくて、手が出る人みたいに思っていたのかな。これまでも施設の先輩とか、親戚からよく叩かれていたので、たいして気にはしていませんでした。私も幼くてダメなところがかなりあったし、そんな自分を受け入れてくれるんだから、少しくらいのことは我慢しなきゃって感じだったんです。

それより家庭をつくることに興味があったかな。私って家族を知らないで育ってきたじゃないですか。だから、家族がほしいっていう気持ちが人一倍大きかったんです。結婚とか、子育てっていうことにすごく関心がありました」

二人の間に誕生したのは、息子だった。

アパートで、摩耶は一生懸命に子育てをして、幸せな家庭を築こうと考えていた。頼れる実家も友達もない中、摩耶はネットでやりかたを調べながら懸命にお乳を飲ませたり、おむつを交換したりしていた。

　正樹は、そんな摩耶の家庭的な態度が面白くなかったようだ。息子や家のことばかりに関心が向き、自分が相手にしてもらえていないと考え、逆恨みをはじめた。そしてやたらと摩耶を束縛したがるようになり、買い物に出かける時間を厳密に決めたり、土日の外出を禁じたりして、ルールを破れば足腰が立たなくなるまで暴力をふるった。

　そうした中で、家庭を取り巻く環境が変わる出来事が起こる。正樹が実家との関係をこじらせて、これまでもらっていたアパート代などの仕送りが止められたのである。さらに会社の都合で、長年やっていた配送関係のアルバイトを解雇された。

　摩耶は家計を支えるために仕事をしなければならなくなった。かといって、中卒でこれまで働いた経験のない彼女に条件のいい仕事が見つかるわけがない。そのため、バイトを二つ掛け持ちし、土日も関係なく働いた。

　当時、息子は一歳半になって、ようやく歩きだすようになっていた。正樹も別の仕事先を見つけていたが、摩耶は自分がバイトで忙しかったぶん、息子の世話を彼に頼まなければならなかった。

　これが、より家庭を荒れさせる原因となった。正樹は物事の分別がつかない息子に手を焼き、常にいら立っていた。泣き止まない、ご飯を食べない、大便がオムツから漏《も》れた……。そういうことに一々《いちいち》腹を立て、帰宅した摩耶を怒鳴りつけた。

「おまえのしつけが悪いから、子供がわがままに育ったんだ。おまえは親がいないから、育て方がわかってないんだ！」

「ちゃんとやってるよ」

「やってないから、こうなってるんだろ！　おまえは甘やかしすぎなんだよ！」

　そう言って摩耶を殴りつけるのだ。

　やがて正樹は、息子が夜に泣きはじめたり、風邪をひいて咳《せき》をしただけで、怒り狂うようになった。

しつけをしないと暴力夫に怒られる

　摩耶は毎日正樹から育児がなっていないと怒られて暴力をふるわれたため、だんだんと自分が悪いのかもしれないと考えるようになった。そして自分が息子をちゃんとしつけなければと、厳しく当たりはじめた。

彼女の言葉である。

「私が息子に手を上げるようになったのは、この頃からです。息子が泣き止まないと、あの人は真夜中でも『おまえのせいだ』『黙らせろ』と言って殴ってきました。私はそれが怖くて『もう静かにしてよ！』っていう感じで息子を叩きました。ご飯を食べ残したり、ゲボを吐いたり、ミルクをこぼしたりした時も同じです。あの人に殴られるのが怖いから、つい息子の方にきつく当たっちゃうんです。

あと、私が厳しくしているところを彼に見せるという意味合いもありました。私がしつけをしていないと怒られますから、過剰にやっちゃうんです。ご飯をこぼしたっていうだけで何時間もお風呂場に閉じ込めたり、洋服を汚したっていう理由で冷たい水をかけつづけたりしました。『私はここまでしつけをしているんだよ』ってわかってもらいたいっていうのがあったんだと思います」

摩耶は自分でも知らないうちに正樹からのＤＶによって支配下に置かれ、その恐怖から「しつけ」という名の虐待を息子にするようになっていたのである。

こうした虐待は、二年半に及んだ。

事態が明らかになったきっかけは、アパートのオーナーによる通報だった。毎日のように夫の怒鳴り声や妻の悲鳴、それに子供の泣き声が聞こえるということから、近隣住民がしばしばオーナーに相談していた。オーナーは一家を注意したが、改善の気配がなかったことから、警察に通報したのだ。

その後、一家はどうなったのか。摩耶の言葉である。

「警察が入ってきて、まずは夫のDVっていうことになったんです。その後、息子への虐待も発覚しました。でも、いろいろと話をしているうちに、夫が原因だということで、私と息子は引き離されずに済むことになり、一緒に母子生活支援施設に入ることになったのです。そこで生活保護の受給手続きをして、一年半くらいしてから団地に引っ越すことになりました。

生活保護を受けることにしたのは、私がパニック障害になっていたのがわかったからです。お医者さんからは、夫からのDVが原因だって言われました。母子生活支援施設に行った後、急にパニック障害がひどくなっちゃって、息子との生活もうまくいかなくなり、最終的に息子は児童養護施設に預けることになりました。だから、今は私が一人で暮らして、月に一度くらい面接という形で施設にいる息子に会っている感じです」

詳しく聞いてみると、摩耶は精神疾患をわずらったせいで、正樹と別れた後も息子に対する虐待を行っていたようだ。児童養護施設へ行くことになったのは、そうした背景もあったらしい。

なぜこうした事態が起きてしまったのかと考えれば、まず摩耶の家庭の問題が挙げられるだろう。家という居場所がなかったせいで、彼女は偶然知り合った正樹に依存するようになった。そして伯母との関係を悪化させたことで、彼女は退路を断たれて正樹にすべてを頼らなければならなくなった。

正樹が暴力をふるうようになった後、もし摩耶にある程度の学歴や職歴があれば、逃げて自立することも可能だったかもしれない。だが、中卒で仕事に就《つ》いた経験がなかったことで、暴力をふるわれながらも、正樹との生活を継続する他になかった。

そうして気がついた時には、家庭を暴力が支配しており、摩耶はどこにも逃げ場所がない中で、自分に暴力が及ぶのを避けるために、愛していたはずの息子に手を上げるようになった。この時は、児童相談所という機関の存在さえ知らなかったし、ＤＶの概念さえもわからず、どこかに相談するという思考はまったくなかったという。

このように、夫からのＤＶが児童虐待を引き起こしてしまうことは少なくない。私は冒頭で警視庁に寄せられた配偶者によるＤＶの相談件数だけで九千件を超えていることを紹介したが、NPOや知人にしか相談していない例を含めれば、その数は何倍にも膨らむはずだ。そしてそれは摩耶と同じように虐待につながるリスクを孕《はら》んでいるのである。

DVは決して夫婦間の問題で済むことではない。特に家庭に子供がいる場合は、もっとも弱い子供に皺《しわ》寄《よ》せが行くことが多い。DVは虐待と表裏一体であることを、より多くの人が認識するべきだろう。

ケース③ 娘への嫉妬

その女性は、わが子を刃物で切りつけ、次のように言い放った。

「子供なんてうるさいだけ。ギャアギャア騒ぐだけ騒いで、私が大切にしているものを奪うならいらない」

一体、何が彼女をそうした行動に駆り立てたのだろうか。

その女性の名前を、横川美知《よこかわみち》といった。

美知の母親は風俗店で働いていたという。二十歳の時に未婚で長男を産み、翌年別の男性との間につくったのが長女の美知だった。母親は父親が誰かについては一切語ろうとせず、長男と美知に尋ねられても、「そんなこと知ったってしょうがないでしょ！」と声を荒らげて会話を遮断《しゃだん》するだけだった。

家はそれなりにお金はあったようだが、美知の記憶の中の母親は常に「女」だった。二DKのアパートには、毎週のように見知らぬ男性がやってきた。母親が酔っぱらってつれ込むこともあれば、朝起きたら隣で男性が全裸で寝ていたこともあった。

母親と男性の性行為を目撃したのも一度や二度ではなかった。幼かった美知は、その意味がわからず、「お母さんがいじめられている」と勘違いしていたという。

小学校の中学年くらいになって物事の分別《ふんべつ》がだんだんとつくようになると、兄は見知らぬ男性が来ている時は家にいるのを避けるようになった。夜の遅い時間であっても美知の手を引いて外に出て、アパートの駐車場や近所の河原で過ごした。

美知にはずっと母親に甘えたいという気持ちがあったが、母親は男性の方しか見ていなかった。だから、寂しさを埋める相手は、いつも兄だった。学校へ行くのも、寝るのも、風呂に入るのも一緒だった。

兄が小学六年、美知が五年の時、きょうだいの関係を大きく変える出来事が起きた。同じ布団で寝ていた兄が、美知の体をまさぐるようになったのである。兄は兄で歪《ゆが》んだ家庭環境から心に大きな傷を負っており、それが思春期になって妹への性衝動として表出してしまったのかもしれない。

この兄の行為はどんどんエスカレートしていき、母親がいない晩はかならず体を弄《もてあそ》んできた。美知は兄のことを慕《した》っていたし、兄が母親のことで自分より傷ついているのを知っていたから、拒否することができなかった。

とはいえ、行為自体は苦痛でしかなく、ストレスとしてつみ重なっていった。それが原因だったのだろう、小学五年生から摂食障害を患《わずら》い、一時は入院するほどの重症になった。それでも美知はきょうだいの秘密を誰に打ち明けることもできなかった。

求められれば誰とでも……

美知が中学三年の時、兄からの性的な行為は、三年ほどつづいてピタリと止んだ。定時制高校に進んだ兄に恋人ができたことが影響していたかもしれない。

美知は、表向きは何事もなかったかのように兄と仲良く付き合った。二人で買い物に行くこともあれば、兄がつれてきた恋人とも仲良くした。だが、心の傷は癒《い》えなかったのだろう、摂食障害はつづいていた。

そんな彼女が、兄以外の男性と初めて性行為をしたのは、高校二年の時だった。それまで性的なことには嫌悪感がつよく、男性は恐怖の対象でしかなかった。だが、ある日、先輩の家に遊びに行って性行為を迫られ、断れずに受け入れたのだ。その後、彼女は何かが壊れたように、多数の男性と肉体関係を結ぶようになる。

美知は言う。

「自分でもなんでなのかよくわかりません。でも、高三くらいの時から、なんか口説かれればやるみたいな感じでした。セックスが好きってわけじゃなかったけど、男の人に会えば求められるし、他にすることもなかったから……。あの頃はお兄ちゃんもお母さんも家にいなかったから、一人ぼっちっていうのが嫌だったのかも」

性的虐待を受けた子供は、その傷を覆《おお》い隠すかのように不特定多数の相手と性行為をすることがある。彼女もそうだったのかもしれない。

高校を卒業してアパレルショップで働きだした後も、美知の性生活は乱れたままだった。特定の恋人がいても、つい出会い系サイトにアクセスして知り合った別の男性と肉体関係を持ってしまう。複数の男性とつながっていなければ不安で仕方なかった。

だが、こうした行為は、彼女の心の傷をさらに広げることにしかならなかった。男性の中には避妊しようとしない者もおり、何度か人工中絶手術を受けたことで、うつ病になって職場も替えざるを得なくなった。そんな時に出会ったのが、小宮山勇《こみやまいさむ》という男性だった。

勇は十九歳年上で、取引先の企業に勤めていた。二度の離婚歴があり、息子が一人いたが、大学に入って手がかからなくなっていた。美知は日常のことを相談しているうちに父親ほども年齢のちがう勇と恋に落ち、結婚を決めた。

この子が憎い

結婚して二年後、美知は女の子を出産した。

勇は自分がいい年齢《とし》だし、大学生の息子もいたことから、「一人なら」という条件で子供をもうけた。だが、実際に娘が生まれると豹変《ひょうへん》し、娘を目に入れても痛くないほどに溺愛《できあい》した。それまでは会社で残業するのが当たり前だったが、毎晩八時前には帰宅し、土日はずっと傍につきっきり。口をついて出る話題は、常に娘についてだった。寝室でも妻と自分の間に娘を寝かして川の字で眠ることを望んだ。

美知は、勇が溺愛すればするほど、娘が憎たらしくなってきた。娘に勇を奪われたような気がしたのだ。

――娘のせいで、夫は私への想《おも》いを失ってしまうかもしれない。

美知はそんな危機感を募《つの》らせるようになった。もともと彼女は人の何倍も愛情に飢えているところがあり、結婚してからは勇にそれを求めていた。だが、娘が生まれ、自分に愛情が向けられなくなったことで、娘に憎悪を募らせたのである。

時を同じくして、美知の中で一時期治まっていた摂食障害が再発した。五十キロ台だった体重は瞬《また》く間に三十キロ台にまで落ち、病院へ行った日に入院を言い渡された。なんで自分がこんな目に遭《あ》わなければならないのか。そう考えると、さらに娘への恨《うら》みが膨らんでいった。

美知が娘への虐待をはじめたのは、退院からしばらくしてからのことだった。わざと勇の前で、娘を怒鳴り散らしたり、ひっぱたいたりしだした。勇が見かねて止めに入り、なぜこんなことをしたのかと尋ねると、美知はこう言った。

「この子が悪いのよ！　言うこと聞かないんだから、叩くのは当たり前でしょ！」

「まだ幼いんだから仕方がないじゃないか」

「娘のことばかり話さないで！　もっと私の身になってよ。私のこと考えてよ！」

娘をめぐる夫婦の会話はいつもかみ合わなかった。

後に、美知は当時の虐待についてこうふり返っている。

「たぶん、勇に相手にしてもらいたかったんだと思います。娘が憎いっていうのもあったけど、それ以上に娘を叩けば勇が相手にしてくれるんじゃないかって気持ちがあったんです。私は娘を叩くくらい追いつめられているんだとか、パニックになっているんだって同情してやさしくしてもらいたかった」

子供が親の気を引くためにわざと悪さをすることがあるが、それと似たような発想で手を上げていたのだろう。

そうこうするうちに、娘への暴力はエスカレートしていく。顔がパンパンに腫《は》れるまで叩いたり、風呂場に何時間も閉じ込めたりしたのだ。勇は危機感を募らせ、娘を幼稚園から保育園に移し、送り迎えも自分がやり、極力美知と二人だけにしないようにした。美知の目には、そんな勇が余計に自分を避けているように映った。

事件が起きたのは、娘が小学校へあがる直前だった。勇は土曜に娘を英会話教室に通わせることにした。勇は美知に言った。

「送り迎えは全部俺がやるから。おまえは土曜日は息抜きにどこかへ行っていていいよ」

この一言によって、美知は勇から捨てられたのだと思い込んだ。

英会話教室に通いはじめて一カ月目の晩のことだった。勇がゆっくりと風呂に入って出てきたところ、美知が廊下にすわり込んで泣いていた。手には果物ナイフが握られている。えっと思って見たところ、リビングで娘が「痛い、痛い」と泣き叫んでいる。背中を切られていたのだ。

「おまえがやったのか！」

「だって、この子が泣いたから！」

「泣いたってこんなことするやつがいるか！」

慌《あわ》てて勇は娘を車に乗せて病院へ運んだ。

幸い、娘の傷は浅く大事には至らなかった。皮膚の表面を切っただけで済んだのだ。

だが、勇に謝罪を求められた美知は逆上して拒絶した。そして発したのが冒頭の「子供なんてうるさいだけ」という言葉だったのである。

愛着障害《あいちゃくしょうがい》

この事件をきっかけに、勇は美知と別居することを決めた。美知もそれを受け入れた。

だが、美知には経済力もなければ、実家も当てにならない。そこで、勇はワンルームのアパートを借り、毎月生活費を渡す代わりに、しばらくそこで独《ひと》り暮らしをさせることにした。二週間に一度は家に来て娘に会うことも許している。

美知は一人暮らしをはじめてから病院へ通いだした。勇から精神科を受診するように勧められたためだ。美知はそこで「愛着障害」の可能性が高いと言われたそうだ。母親から十分な愛情を受けられなかったことに加えて、兄からの性的虐待によって傷つき、過剰なまでに勇に依存してしまっている状態だと。また、それ以外にも複数の精神疾患があると指摘された。

現在、美知は三十代になっている。今も彼女はワンルームのアパートに暮らし、精神科でもらった薬を飲みながらパートをしている。ただ、最近は数カ月に一度しか娘と会っていないそうだ。

美知はその理由をこう語る。

「別々に暮らすようになってしばらくしてから、娘のことはあまり憎くなくなりました。

ただ、頻繁に会いたいかと言われれば、そういう感情もありません。私の娘なんで愛しているかと聞かれれば、愛していると答えますよ。でも、娘は私のことを明らかに避けています。昔のことが記憶にあるんですかね。娘が嫌がるのに、私が会いたいって言うのも変じゃないですか。こんなダメ親だし、何かしてあげられるわけでもないし。だから、今は距離を置いているって感じです」

おそらく美知は昔も今も自分のことで精いっぱいなのだろう。夫を奪われそうになれば、娘を邪魔だと考えて傷つけようとするが、そうでなければ娘のことをほとんど気にかけないのかもしれない。逆に言えば、それだけ彼女は多くのものを背負いすぎてしまっているのではないか。

美知はこうなった原因が幼少期の問題にあるとしても、今更兄を恨むつもりはないという。

「兄のことは好きとか嫌いとかはないです。かわいそうな人って感じかな。お母さんのせいでかなりつらい思いもしたと思うし。だから、ひどいことされたけど、どこかで同じ仲間みたいな意識はあるんです。でも、お母さんはダメですね。本当に嫌いだし、憎い。もう十年くらい会ってませんし、これからも会うつもりはありません。私をこうしたのは、あの女のせいだって思ってますから」

憎しみの対象は、性的虐待をした兄ではなく、その環境を生み出した母親なのだ。

彼女にとっての幸運は、勇が完全に見捨てず、今もって支援をしてくれていることだろう。

ただ、美知が今後の人生をどう生きるつもりかはまた別の話だ。彼女は今、勇とは別の男性と交際しているそうだ。ゆくゆくは勇と離婚して、その男性と再婚することも視野に入れているという。

もし新しいパートナーと再スタートを切るつもりなら、それまでに彼女が抱えている問題をどう取り除くかが重要になるだろう。そうでなければ、パートナーが替わっただけで、また同じことがくり返されるともかぎらないからだ。

第二章

育て方がわからない

子供を愛する気持ちは「本能」なのか

「母性」という言葉がある。母親が子供を愛し、育てていこうとする特性を示すものとされている。

一般的に、女性にはみなこの本能が生まれながらに備わっていて、子供を愛《いと》しむのが自然だと考えられがちだ。病院や市町村が行う子育て教室でも、育児の不安を訴える妊婦に対して「不安はあるでしょうが、生まれれば赤ちゃんが大好きになってしかたなくなりますよ」とアドバイスがなされることもある。これなどは、まさに女性は母性を備えているという前提に立った考え方だろう。

だが、本当に女性は母性という本能のようなものを生来持ち合わせているものなのだろうか。

断っておくが、私は女性が出産後に抱く子供への大きな愛情を否定する気はまったくない。かくいう私の妻も、若い頃は「子供なんて興味ない」と言っていたのに、出産した直後に豹変して子供を溺愛するようになった。そういう意味では、女性が産後に自分の子供を愛し育てようとする気持ちが芽ばえるのは珍しいことではないだろう。

問題は、それがすべての女性に等しく備わっている特性かどうかということだ。少なくとも、私が子供を育てられなかった人たちから話を聞いていて感じるのは、そういう感情が湧《わ》く人と湧かない人とがいるということだ。

たとえば、次のようなことを堂々と発言する親もいた。

「たしかに息子は自分が産んだ子供だけど、異物感があります。生理的に受け付けない」

「子供の声を聞くだけでパニックになる。カーッとなって手を上げてしまう。好きか嫌いかと言われれば、嫌いで憎い存在です」

そんなふうに平然と語る親たちを前にすると、かならずしもすべての人が生まれついて「子供を愛する本能」を身につけているわけではないのだと感じずにいられない。

これは科学的にも指摘されてきたことでもある。母性は先天的なものではなく、後天的につくり上げられるものだというふうに捉《とら》えられているのだ。

人は幼い頃に親としっかりした愛着形成をするからこそ、家庭という空間に安心感を抱くことができるようになる。親が子供を愛し、支え、育てることが、家族全員の安定につながることを身をもって理解する。だからこそ、その子が親になった時、自然と子供を愛しむ感情が生まれるのである。

しかし、そうした環境で育たなければ、なかなか母性が育ちにくい。子供に対して十分な愛情を抱く意味がわからなかったり、そもそも育児というものの概念がなかったりすれば、感情的にも物理的にも子育てに困難が生じるのは当然だ。

こうしたケースというのは、どのようにして生まれるものなのだろうか。

——育て方がわからない。

そんなふうに語る親たちの事例から考えてみたい。

ケース④「母親になる権利はない」と語る女性

富永美桜《とみながみお》は、存在感が非常に薄い女性だ。うつむきがちで、長い髪で顔を隠し、洋服も化粧も地味だ。腕にはたくさんのリストカットの痕《あと》があり、夏でもそれを隠すために長袖を着ている。シャツのボタンはかならず一番上まで留め、人と目を合わそうとしない。

彼女は何に対しても無関心で、「よくわかんない」が口癖だ。これまで数えきれないほど自殺未遂をくり返してきたという。おそらく、彼女は自分がいつ死んでもいいと思っているから、身の周りのことにまったくといっていいほど興味がないのだろう。

美桜が物心ついた頃から、家庭は崩壊していたそうだ。発端は、美桜が生後二カ月くらいの時に、父親が脳出血で倒れたことだった。父親は後遺症によって体が不自由になり、言語障害も生じた。当時まだ二十代前半だった母親はパートで家計を支え、家に帰ってからは夜遅くまで夫の介護をしなければならなかった。

父親は若くして病気になったショックから、アルコールに走った。起きている間は常に酒を飲み、家族に暴言を吐いたり、物を投げたりして当たり散らすようになった。気に入らないことがあれば、わざと尿《にょう》を巻き散らかすとか、窓ガラスを割るといったことをした。

美桜は言う。

「お父さんの印象は、いつもガラガラ声で怒鳴っていることですかね。アル中なんで、息もすごく臭いんです。まるで気性の荒い野良犬が家にいるみたいな感じ。お父さんがいるリビングに近づくだけでも足がすくむくらい怖かったです。私は覚えてないんですが、一度お父さんにフォークで頭を刺されたことがあるらしくて、その傷は今でも残っています」

父親は六年ほどアルコール漬けの生活をし、家庭をめちゃくちゃにした挙句《あげく》、ある日突然亡くなった。死因は教えてもらえなかったが、おそらくアルコール依存による何かしらの病気だったのだろう。

父親の死後も、家庭に平安は訪れなかった。今度は母親が緊張の糸が切れたかのように精神を病《や》んだのだ。これまで夫に散々振り回されてきたダメージが、死をきっかけに一気に噴出したのかもしれない。母親はうつ病のような状態になって引きこもり、生活保護を受けながら大量の薬を服用することになった。

家からまったく出られなかったので、美桜は小学生ながらに母親の代わりとなってあらゆる家事をこなさなければならなかった。買い物、掃除、支払い……。毎日懸命にやったが、母親は引きこもる中で溜《た》まる鬱屈《うっくつ》とした思いを美桜にぶつけた。

「あんたが生まれてきたせいで、家族が狂いはじめたんだ！」「あんたは悪魔の子だ！あんたがいるから、夫も私も病んだんだ！　人生を返せ！」「あんたの顔は死んだ父親にそっくりだ。気持ち悪い。消えていなくなれ！」

そんな罵倒を、顔を合わすたびにしてくる。少しでも言い返せば、何倍にもなって返ってくるため、美桜はどんなことを言われても感情を押し殺して沈黙していることしかできなかった。

こうした生活環境は、美桜にしてみれば心理的虐待以外の何物でもない。毎日くり返し存在そのものを否定されるような罵詈雑言《ばりぞうごん》を浴びせかけられたことで、美桜は自分が生きていることに疑問を抱くようになる。何のために生まれてきたのだろうか、いっそのこと母親が言うように死んだ方がいいんじゃないか。そんな思いにとらわれるようになったのである。

リストカット

小学三年生くらいの頃から、美桜は自傷をはじめた。最初は頭を壁に叩きつけていたが、ある日ぶつけた個所から血が出たのをきっかけに、爪をはがしたり、刃物で腕や足の皮膚を切ったりするようになった。

美桜の言葉である。

「時々、頭の中がグチャグチャになっちゃうんです。真っ黒になっちゃうみたいな感じですかね。そうなると、わけがわかんなくなって、リスカするんです。そうすると、スーッて雲が晴れるみたいにもとにもどる。

死にたいって願望がありました。学校の裏庭に自分のお墓をつくったり、遺書を書いたりしていましたね。首にヒモを巻きつけるとかもよくやっていました。

母親のことは憎かった。なんで、毎日何時間もあんなふうに言われなきゃいけないんだって感じ。死にたいのは、消えてなくなりたいという思いと、死んで母親に迷惑をかけたいっていう気持ちもありました。私が母親の文句を書いた遺書を残して自殺したら、母親は絶対に警察に呼ばれて困ることになるじゃないですか。ざまあ見ろって感じですよね。それで死にたいって思ったんです」

美桜の胸にあるのは、自分を否定しつづけた母親への恐ろしいまでの憎しみだった。

小学校五年生の時、美桜が自傷していたことが明らかになる。学校に行かずに町を歩いていたところ、警察官に補導された。呼び出しを受けた母親が迎えに行けなかったため、祖父母が代わりに行ったのだが、そこで警察から彼女の手足に大量の自傷の痕があることを知らされたのである。

祖父母は、母親は頼りにならないと判断して市に相談。そこから児童相談所へ連絡が行った。美桜は面接の中で母親から心理的虐待を受けていることは言わなかったが、児相《じそう》側は母親に養育する力がないと判断した。そして美桜は一時保護所に預けられ、母親は病院に入院することになった。

初めのうち、美桜は数日で施設から帰宅することができると言われており、そのつもりだった。だが、母親が治療を受けても体調が良くならず、それ以外の問題も次々と判明したことで、児童養護施設に預けられることになった。

美桜は施設での暮らしは決して安心できるものではなかったという。美桜の言葉である。

「施設には、一度も母親は面会に来てくれませんでした。ああ、本気で捨てられたんだなって感じですね。産まなきゃ良かったとか、死ねとか言っていたのは、本気だったんだって思いました。本当にクソだと思います。

同じ施設の子の中には、私みたいなリスカをしている子が何人かいました。そういう先輩がやり方とか教えてくれるんですよ。剃刀《かみそり》の方がよく切れるよとか、この血管傷つけたらすごいことになるよとか。それを聞いて、その通りにリスカしてました。

ちなみに、私にリスカの詳しいことを教えてくれた先輩は、二十歳過ぎて飛び降り自殺しました。よくわからないけど、彼氏だったか、元彼だったかのマンションでやったって話でした。それを聞いた時は、ふうんって思いましたね。うらやましいとか悲しいとかはなかったかな。前からしていたことをちゃんと実行したんだって感じだけです」

施設には高校を卒業するまでいたが、美桜はその間数えきれないほどリストカットを重ねた。施設の職員につれられて精神科にもかかって薬を処方してもらっていたが、状態はほとんど変わらなかったそうだ。

風俗店という居場所

高校卒業後、彼女は施設を出て美容エステ店に就職した。店が寮としてアパートを用意してくれるというので、そこを選んだのである。

だが、店は厳しく、様々なノルマを課してきた。支店長も厳しい人で、失敗をする度に「おまえはダメだ」「わかっていない」「寮を引き払って出ていけ」などと罵られた。美桜はそのストレスから体調を崩すようになる。

美桜は住むところがなかったため十カ月はどうにか働きつづけたが、帯状疱疹《たいじょうほうしん》、口腔《こうくう》カンジダ、原因不明の発熱など次々と体に異常をきたし、二月のある日突然自分がどこにいるのかわからなくなった。そして彼女は何かに取り憑《つ》かれたかのように寮のアパートを飛び出した。

彼女はわずかな荷物だけを持ち、漫画喫茶を転々としたが、お金はあっという間に底をついた。頼ったのは、手で性的なサービスをする「性感エステ店」だった。日払いでお金をもらえるというのが理由だった。

　これまで一度も男性経験がなかったが、不思議と仕事はつづいた。彼女は言う。

「お店はいくつか掛け持ちしていましたけど、美容エステ店の時とは違って仕事は長つづきしましたね。お店側からノルマを課せられたり、大声で怒られたりするようなことはありませんでした。若いからってこともあるんでしょうけど、お店の方からもお客さんからもかわいがってもらえた。お給料も良かったので、辞める理由がなかったって感じですかね。他の仕事だったら、絶対に自分がつぶれていたと思うので、フーゾクに出合えたのは運が良かったかなって思っています」

　競争社会の中では、少なからずプレッシャーをかけられ、社会人としての価値のようなものを考えさせられる。だが、風俗では訪れた客に性的なサービスをすれば、お金をもらえて、かわいいと言ってもらえる。特に若さだけを売りにできる年齢であれば、なおさらだろう。美桜にとって風俗の仕事は居心地のいい場所だったのだ。

　風俗店の勤務は一年、二年とつづいたが、美桜は個人的な恋愛についてはまったく興味がなかった。こういう仕事をしていれば、客から言い寄られることは数えきれないほどあったが、一度も見向きをしなかったのである。

美桜の姿勢ははっきりとしていた。彼女は生きる価値さえない自分が、恋愛の真似事《まねごと》なんてしたところで幸せを手に入れられるわけがないと思っていたのだ。変に相手にのめり込んで傷つくより、風俗の世界で自分のペースで生きている方がよかった。

そんな彼女に初めて恋人ができたのは、二十四歳の時だった。相手は、たまたま再会した施設の先輩。まったく交際する気はなかったのだが、遊びに誘われている中でお酒に負けて何度かセックスをする中で、いつの間にか先輩がアパートに住み着くようになったのだ。気が付いた時には、同棲していたのである。

美桜の言葉である。

「アパートでの同棲は、できるなら避けたかったかな。私は一人の方がいいんですよ。人がいると落ち着かない。でも、出て行ってくれないし、風俗の仕事はやらせてくれるっていうので、なんか面倒になってそのままになったって感じでした。

もう一つ理由があるとすれば、その頃私のメンタルが結構やばくなっていたんです。三日も四日も布団《ふとん》から起き上がれない日があったり、急にパニックになって訳のわからないことを叫びはじめたり。そんな時、誰かが家にいてくれたら、買い物や支払いとかで困らなくていいので便利じゃないですか。だから、一緒にいたっていうのもあったかもしれません」

同棲によって変わったことと言えば、風俗の仕事をはじめてから止まっていたリストカットの癖が再発したことだった。

それまで体は商売道具という意識があって自制していたが、同棲してからは相手といざこざが起こることも多くなり、その度にやけになって手首を切ったり、薬の過剰摂取をしたりしたのだ。薬の過剰摂取の時には、緊急搬送されて胃洗浄を受けて一命を取り留めるほどだった。

孤独の出産

同棲開始から一年ちょっとが経った時、予想もしていなかったことが起こる。美桜が妊娠したのだ。同棲相手の子供だった。

美桜は即座に人工中絶手術を受けようとした。彼氏の同意が必要なことから事実を打ち明けたところ、意外なことに止められた。子供の命を奪うようなことは絶対にしたくないから結婚しようと言われたのだ。後で知ったのだが、中絶を反対したのには彼氏の宗教上の事情があったらしい。

美桜は子育てはもちろん、自分が結婚生活を送ることなんてできるわけがないと思っていたので、頑《がん》として中絶を主張した。それからは、毎日が口論だった。売り言葉に買い言葉で、お互いの意見が嚙み合うことはなかった。

そうしているうちに、中絶可能な妊娠二十一週が過ぎてしまった。その間、一度も病院へは行っていなかったし、中絶可能な期間があることをすっかり忘れてしまっていたのだ。一人で堕胎《だたい》することを決めて病院へ行った時にはすでに遅く、医師からは「産むしかありません」と言われてしまった。

美桜はパニックになって、薬の過剰摂取をして流産させるなどと言いはじめた。彼氏は、何カ月もこうしたやり取りをしたことで、もう彼女とはやっていけないと考えたらしい。こう叫んだ。

「そこまで子供をつくるのが嫌なら勝手にしろ。俺は出て行く」

そして妊娠している美桜をアパートに残して、出て行ってしまったのである。

美桜は何度も流産を目的として薬やお酒を飲んだりして体に負担をかけたが、望むようにはならなかった。結局、彼女は一人で出産することになった。

病院の分娩室で産声《うぶごえ》を上げたのは、男の子だった。美桜は息子を抱きしめても、お乳をあげても、かわいいとは思えなかった。しわくちゃの異物が目の前にあるという感覚で、これから何年も一緒にいると考えるだけでゾッとした。

退院の直前、美桜は看護師に言った。

「私、赤ちゃんを愛することができないと思います。育てていく自信がありません」

看護師は答えた。

「今は不安だからそう思うだけ。しばらくすれば愛《いと》おしくてしかたなくなるわよ」

美桜は、風俗の仕事で貯めた貯金を切り崩しながら、アパートで息子との生活をスタートさせたが、いつまで経ってもかわいいと思うどころか、生理的に受け付けることができなかった。泣き声を聞いたり、オムツについたおしっこやウンチを見ただけで吐き気がしてきた。やがて彼女は体調を壊す。

美桜は語る。

「息子の泣き声を聞くだけで、自分の人生が全部壊されるような気持ちでした。なんでだかわかんないです。いきなり家に変な生き物が来て、私のことを苦しめてくるみたいな感覚って言えばいいのかな。世話をしなきゃと思っているからよりきついんです。やらなきゃと思えば思うほど、ワーッてなっちゃう。

考えてみたら、私は男の人もそうだけど、ペットとかの生き物もかわいいって思ったことがないんです。人も動物もどうでもいいっていうか。息子も同じ感覚なんです。だから、見るのも触るのも嫌。それなのに育てることなんてできるわけないじゃないですか」

生きている意味さえ見出せない彼女にとって、唯一生きていけるのは風俗の世界だけだった。だが、それを奪われ、母親であることを求められたことで、彼女は途端に一杯いっぱいになってしまったのだ。

虐待をしてしまう前に

それでも美桜は幼少期のつらい経験があったことから、子供に手を上げることだけは思い留まっていた。その一線だけは何としても越えてはならないという思いがあったのだ。感情が爆発しそうな時は、市やNPOの相談窓口に電話してどうすればいいか相談してみた。だが、そこで得られるのは、母親同士のコミュニティーに参加してみてはどうかとか、実家に相談してみてはどうかという、彼女にとっては非現実的なアドバイスばかりだった。

　ある夜、息子が突発的に泣きはじめたことがあった。美桜は無意識のうちに息子の頬を叩いてこう叫んだ。

「おまえが生まれてきたから、私の頭がおかしくなったんだ！　これ以上ビービー泣くんじゃねえ！」

　次の瞬間にハッと我に返り、美桜は自分が発した言葉が、かつて母親に毎日のように言われてきたのと同じものであることに気がついた。このままいけば、自分はかつて母親にされたことを息子にしてしまう。そう考えたら無性《むしょう》に恐ろしくなった。母親と同じ人間にだけはなりたくない。

　翌日、美桜は息子をつれて市役所に出向いた。

「私は絶対にこの子を育てられません。虐待してしまうと思います。そうなる前に、引き取ってください」

　市役所の担当者は思い止まらせようとしたが、美桜は頑《がん》として譲らなかった。そしてこう言ったのだ。

「お願いですから引き取ってください。ただ、この子は施設には入れないでほしいんです。里子に出してあげてください。家庭の中でちゃんと育ててもらいたいんです」

美桜は思春期を過ごした施設にいい思い出がなかったからこそ、里親に託したいと頼んだのだ。

市から児童相談所に連絡がいき、美桜を取り巻く状況が調べられた。時間はかかったが、最終的に美桜の願いは聞き入れられ、児童相談所が息子を引き取り、いったん乳児院に入れてから里親縁組の検討をしていくことになった。

美桜は言う。

「あの時の私の決断は正しかったと信じています。私は母親になっちゃいけないタイプの人間なんです。どうやったって家庭を築くことなんてできないし、子育てなんてできないんだから。

私がこんなふうになったのは、お母さんのせいだと思っています。だからこそ、絶対にお母さんみたいな女にはなりたくない。最悪ですよ、自分の子供に平気で『産まなきゃ良かった』とか『死ね』とかいう親は。私がそうだったように、そんな親の元で育ったところで不幸にしかならないんです。

そういう意味では、息子がまだちっちゃい時に手放せたのはよかったんじゃないですかね。医者とかスポーツ選手とか立派な人に育ててもらえたら、幸せになれるんじゃないでしょうか。私ができるのは、自分と同じような人間をつくらないことだと思っています」

彼女と話をしていて口から次々と出てくるのは、自分を否定する言葉ばかりだ。これが根元にあるからこそ、子供への愛情を抱くことができないし、家庭を持つことを夢見ることさえできないのだろう。

美桜は子供を乳児院に預けてすぐに、風俗の仕事を再開した。現在も、彼女は毎日男性を相手に性的なサービスをする生活を送っている。

ケース⑤ 「妊娠依存症」という現象

大方《おおかた》の人は、「妊娠依存症」という言葉を聞くのは初めてだろう。これは正式な疾患名ではなく、特別養子の支援をする一部の人たちの間で生まれ、つかわれている造語だ。

特別養子の支援をしている「Ｂａｂｙ《ベビー》ぽけっと」というＮＰＯ（特定非営利活動法人）がある。特別養子縁組は、普通養子縁組と異なり、実親の戸籍から抜け、養親の戸籍に入ることができる制度だ。実親は様々な事情から子供を育てることができないと考えた時、この制度を利用して子供を欲する養親に引き渡すことがある。家庭裁判所で相応の事情があるとして特別養子縁組が認められれば、子供は養親のもとで法律の上でも実子と同じような立場で育てられることになる。

Ｂａｂｙぽけっとの活動は、実親から養親への引き渡しを中心とした支援だ。風俗勤務、不倫、未婚、病気など様々な事情から子育てができない親から子供を引き取り、養親に橋渡しをしているのだ。私自身、本書を執筆するに当たって同団体から多くの「子供を育てられない親」を紹介してもらった経緯もある。

「妊娠依存症」という言葉は、この団体のスタッフから聞いた言葉だ。スタッフの一人である奥田幸世《おくださちよ》は説明する。

「妊娠中や出産の後って、脳内でいろんなホルモンが分泌されて幸せな気持ちになるんです。人によってはそれがたくさん分泌されて、幸福感に浸《ひた》れます。

さらに、妊娠中や出産直後は、周りの人たちから大事にされますよね。電車で席を譲ってもらったり、『おめでとう』と言ってもらったり。特に私たちみたいな特別養子縁組の支援団体と関わっていれば、実母さんは養親からすごく感謝される。子供を産んでくれてありがとう、子供をくれてありがとうって。

実は、そういうホルモンが及ぼす幸福感や、優しくされる環境に喜びを見出して、育てるつもりもないのに、何度も妊娠する人がいるんです。本人がどこまで意図しているかわからないけど、たとえば未婚のまま四人の子供を産んで四人とも特別養子に出すとか。そういう人のことを、私たちの間では『妊娠依存症』と呼んでいるんです」

特別養子縁組の支援団体だけでなく、乳児院の職員からも似たような話を聞いたことがある。一定数そういう女性がいるということなのだろう。

本項は、こうした女性についてである。

宗教家の養女として

その町には、ある新興宗教の支部があった。小森唯菜《こもりゆいな》の父親は支部の代表者だったこともあって、家には常に大勢の信者が出入りしていた。

両親は唯菜の実親ではなかった。長い間子供を授《さず》かることができず、一時は諦《あきら》めていたが、四十代の半ばになった時、信者から「娘が出産したものの家庭の事情で育てることができない」と相談を受けた。両親はその子を養子として引き取り、自分たちの手で育てることにしたのである。それが、唯菜だった。

両親は教団内で地位が高かったこともあって、周りの信者の眼差《まなざ》しをとても気にしていた。唯菜を何としても一人前に育てなければならないと考えていたのだろう、日常の小さな仕草から宗教の勉強まで徹底的に身につけさせた。その指導は厳しく、顔が腫《は》れるくらいまで叩かれるのは日常茶飯事だった。

スパルタ指導は、小学校に進学してからはさらに厳しくなった。小学一年生から掛け算、割り算を叩き込まれ、習字やオルガンなど週六日で習い事をさせられた。両親は口癖のように「絶対に東大か京大に行け」と言った。

初めのうちは唯菜もがんばっていたが、親の要求はあまりに大きすぎたようだ。寝る間も惜しんで勉強しているのに、成績は一向に上がらず、宗教の勉強もきちんと頭に入ってこなかった。毎日がそんな状態なので、友人と呼べる友人もいなかった。

後に、唯菜を支援した養子縁組のスタッフは次のように語る。

「生まれつきなのかわかりませんけど、唯菜はいつもボーとして上の空みたいな子でした。ちょっとした知的障害みたいなものもあったのかもしれません。こちらから何かを尋ねても、ちゃんと答えてもらえることの方が少ないんです。そんな子が、厳しく指導されたところで、なかなか身につきませんよね。むしろ、まったくできないことを強《し》いられているような感じだったんでしょう。本人はすごくつらかったはずです」

中学生になると、唯菜は学校でいじめられるようになった。家が新興宗教の支部であったり、内気な性格で勉強ができなかったりしたことが、標的になった原因だったのだろう。両親もどれだけ習い事にお金をかけても、一向に成績が上がらない娘を見放すようになっていた。

高校生の時、唯菜は家の息苦しさから逃れることを決心する。そして家を飛び出し、都会へと向かった。たどり着いたのは、繁華街だった。

この街で、唯菜は典型的な転落の道を歩むことになった。生活費を稼ぐために援助交際をはじめ、ある日、援デリ（無認可の違法なデリヘル業）をしている男に声をかけられ、アパートに住み込みながら売春をするようになる。その間、家には一度も連絡を入れておらず、高校は退学になった。

十八歳の時、唯菜は警察に補導されて一年ほど女子少年院に入った。家庭裁判所で、親は呆《あき》れ果てて「この子を少年院に入れてください」と言ったそうだ。親としては引き取って恥をさらすくらいならとの思いから、女子少年院に入れようとしたのだろう。

現実から目をそらす

女子少年院を出院した後、唯菜はいったん家に帰るもののすぐに家出をして再び繁華街に舞いもどる。風俗店で働きながら、そこの寮で暮らした。

数カ月のうちに、彼女は不摂生からパンパンに太ってしまった。顔には吹き出物ができ、髪はバサバサで、真冬でも汚れたサンダルに黄色いスカートといったような恰好《かっこう》だったらしい。そうした外見もあったのか、二十歳という若さにもかかわらず、勤めていたのは一回当たり数千円で「本番」ができる格安店だったようだ。

先のスタッフによれば、彼女は風俗で得たお金をホストクラブで散財していたという。ホストからはいいカモにされていたらしいが、彼女の方は恋人だと思い込んでいた。

この頃から、彼女は立てつづけに妊娠と出産をくり返すようになる。ある日、彼女は妊娠していることに気がついた。風俗で違法な本番行為をしていたこともあって、父親が誰だかはわからなかった。

普通なら人工中絶という選択になるだろう。だが、ホストクラブで遊び回っていた彼女はほとんどその日暮らしの状態で十数万円の貯金さえなかったし、そこから貯めようという発想もなかった。まるで妊娠していることを忘れたかのように、連日のようにホストクラブ通いをつづけたのである。

彼女はなぜ妊娠していたことから目をそらすような生活をしていたのか。先のスタッフは語る。

「あの子は都合の悪いことは考えないようにするタイプなんだと思います。家出のこと、風俗での本番のこと、ホストへの貢《みつ》ぎ金のことなど、何だってそうですよね。深刻な現実と向き合わず、目の前の快楽だけを追っている。これをしたら、後でどうなるという思考が抜け落ちていて、常に場当たり的で目の前の快楽だけを追いかけているんです。

妊娠に関してもそうでした。お産したところで、今の生活では育てることができないのは明らかなのに、きちんと中絶費用を集めるとか、どこかに相談するということをしない。信じられませんが、そういう子なんです」

目をそらしたところで、妊娠の事実がなくなるわけではない。唯菜のお腹は、臨月を迎えて大きく膨らんだ。

さすがにまずいと思ったのだろう、唯菜はこの期《ご》に及んでようやく実家に連絡をして助けを求めた。だが、両親は自己責任として切り捨てた。いきなり帰ってきて子供を押し付けられても、もう面倒をみることはできないと考えたに違いない。

唯菜は仕方なくインターネットで調べたところ、乳児院に引き取ってもらって養子に出すという方法があることを知った。彼女自身が養子だったことから、そこに解決策を見出したのかもしれない。

彼女は病院のソーシャルワーカーに頼み、育てることができないので乳児院に預けて養子に出したいとつたえた。ソーシャルワーカーは、彼女の生活状況を鑑《かんが》みて出産前から各種機関に相談。乳児院へ預ける手はずを整え、無事にお産が終わってからは予定通りになった。

くり返す妊娠と出産、そして養子縁組

こうした苦《にが》い経験があれば、大概の女性は反省をして、二度と同じ過《あやま》ちを犯《おか》さぬように生活態度を改めるものだ。唯菜の困ったところは、そうした態度が一切見られなかったことである。すぐに風俗の仕事にもどり、ホストクラブ通いを再開した。

一年も経たないうちに、唯菜は二度目の妊娠をする。この時も彼女は人工中絶をせず、一回目の妊娠の時のままに病院に乳児院へ預けたい旨《むね》をつたえ、手はずを整えた。乳児院の側としても、唯菜の生活状況を見れば、養育が困難であることは明確であり、本人が望

む以上は引き取らざるをえない状況だったのだろう。

さらに、彼女は三年間の間に第三子、第四子と出産する。しかし、この時は乳児院ではなく、養子縁組の支援を民間団体に依頼した。第一子、第二子を産んだ病院のソーシャルワーカーが「説教ばかりなんでうざくなった」という理由で、自分で民間団体を見つけて来て、そこを介して養子に出したのだ。

同スタッフは語る。

「彼女と接していて感じたのは、育てる意志がないのに、妊娠を楽しんでいることでした。身重である自分をチヤホヤするように強いたり、養親に感謝の証としてブランド物のプレゼントを求めたりするんです。それ以外でも、あれこれと小さな要求を数えられないくらいしてきました。妊婦だから何でも許されると勘違いしているんです。育てる気もないのに、平然と『妊娠中はすごく幸せ』なんて言っていました。彼女にしてみれば、妊娠が楽しいから妊娠しているって感覚だったんだと思います」

おそらく唯菜は人生の中で人に寄り添ってもらったり、大事に扱われたりすることがなかったのだろう。だからこそ、妊娠することでそうした環境が手に入ることを喜んでいたのではないか。

同スタッフはつづける。

「あとは、妊娠や出産は仕事の上でも便利だったみたいです。普段の彼女は格安の風俗店で働いていましたが、出産後は母乳が出る女性だけを集めている風俗店で働けるんだそうです。彼女自身が、そっちの方がお金になるんだって話していました。妊娠はいろんな点で、彼女なりのメリットもあったのでしょう」

特殊な需要ではあるが、「妊婦」「母乳」を売りにした風俗店はある。そういう店では、彼女のような存在は貴重であり、客やスタッフからは給与面も含めて優遇してもらえるのかもしれない。

同スタッフの言葉である。

「彼女はこの先もずっと同じことをすると思います。妊娠、出産が当たり前になっちゃっているんですよ。それが彼女の中でライフスタイルの一部になってしまったら、誰も強制的に止めることはできません。

たぶん、彼女みたいな人っていうのは一定数いるんだと思います。でも社会としてそういう人たちがいて、どう支援するかということは、まったく議論されてこなかった。そういう人はいないというのが前提なんです。だから、支援とか予防というものが存在しないんです」

　私自身、唯菜にはビデオ通話で三度にわたってインタビューを行ったが、今さえ良ければいいという考えで、五年先、十年先のことは想像すらできないようだった。

　唯菜が生育環境からそういう人間になったのか、生まれつきの障害のようなものがあるのかはわからない。ただ、こういう人が、まったく責任感や罪悪感を抱かないまま子供を産んで手放すということをくり返している事実があるのも確かなのだ。

　冒頭で紹介した奥田によれば、これまでＢａｂｙぽけっとが接してきた唯菜のような「妊娠依存症」の女性は一人二人という数ではないらしい。

　私が奥田から話を聞いている最中にも、ある女性から同団体に同じような問い合わせがあった。その女性は四年間で三人の子供を産んでいた。第一子は実家に預けたものの、第二子、第三子は同団体を通して生後数日で特別養子縁組に出した。そして今回の電話は「四番目の子供を妊娠したので、この子も特別養子に出したい」という依頼だった。声には反省の色さえ感じられなかった。

　奥田は言う。

「うちの団体では、特別養子に出したいという女性を全面的にサポートしています。妊娠中は生活の面倒から各種制度の活用支援まで多くのことをしてあげる。産後も、就職相談や養親の間をつないであげます。養親は赤ちゃんをくれた実母をずっと感謝するし、写真を送ってくれたり、手紙を書いてくれたりする。出産後もずっと大切にされるんです。

いわゆる、妊娠依存症の女性は、こういう状態が癖になっちゃうんでしょうね。だから平気で妊娠してうちに『赤ちゃんを養子に出したい』って言ってやってくる。本音を言えば、現実的にはこういう女性に対する対処法なんてないので、私たちとしては卵管結束《らんかんけっそく》を勧めるしかありません。でも、これは本人の自由意志。本人にやりたいという意志がなければ、強制させることはできない。現在うちの団体の最高記録では、一人のシングルマザーが八人の赤ちゃんを産んだケースがあります。

結局、こういう女性をどうするかという解決方法は行政にはないので、最終的には私たち民間団体に回ってくる。でも、こちらとしてもできることは限られている。行政が匙《さじ》を投げる気持ちはわかりますが、せめて私たちに金銭なり何なりのサポートをしてくれよって思います。なぜって、もし彼女たちが私たちと切れてしまったら、生まれてくる子供が犠牲になるわけですから」

唯菜は、まだ民間団体につながっているからいいが、もしそうでなかったり、何かしらの事情から関係が切れてしまったりしたら、子供が育児放棄等の犠牲となることは十分に考えられる。民間団体が、そういう支援の最前線に立たされている現実もあるのだ。

ケース⑥ アパートを借りたくて

Ｂａｂｙぽけっとを介して子供を手放した母親の例をもう一つ紹介したい。

その女性は十九歳だったが、長い間、家と呼べる住居がなかった。小学生の時からホームレスのようによその家を転々とし、その後は里親の家に暮らしたり、風俗店の待機所で寝泊まりしたりしたのだ。

Ｂａｂｙぽけっとのスタッフに紹介された時、彼女は幼さの残る顔で、ジュースを飲みながらあっけらかんと言った。

「わたし、家庭のイメージがぜんぜんないんだ。どういうものかわかんない。だから子供とか、子育てとか言われても、『ハア？』としか思えない。赤ちゃん産む前も、産んだ後も同じだよ」

外見は、いわゆる「十九歳の女子」というイメージとは程遠い。百五十センチそこその身長に、八十キロ以上はあるのではないかという肥満体。薄ピンクのTシャツや、ヒラヒラのスカートには小さな穴がいくつも空き、クロック型のサンダルは汚れ切っている。バッグの代わりに持っているくたびれた紙袋には、大量の化粧品がつめ込まれていた。

彼女の名前を森下真央《もりしたまお》といった。

小学五年、非行のはじまり

真央は東北の小さな町で、シングルマザーの一人娘として生まれた。不倫の末に生まれたそうだ。父親は真央を認知したものの、養育費の支払いは一切拒《こば》んだ。

母親は、真央が四歳になってから関東に引っ越した。地元では仕事と呼べるような仕事はほとんどなく、不倫のことも知れわたっていたため、逃げるように町を出たのだ。

メーカーの工場に契約社員として就職したものの、母親には親としての自覚がなかったようだ。仕事が終われば、工場から直接飲み屋街へ行き、正体をなくすまで酔っぱらった。真央は物心ついた時からアパートで留守番をさせられ、真夜中に帰ってくる泥酔した母親を介抱するのが役目だった。

小学五年生の頃、母親は恋人をつくり、数日に一度しかアパートに帰らなくなった。アパートに置き去りにされた真央は空腹と寂しさのあまり、似たような家庭環境の友人の家に入り浸るようになる。それが非行のはじまりだった。

その家には、同じような境遇の先輩たちがたむろしていた。真央は友人から先輩へと交友関係を広げ、六年生になる頃にはいくつもの家を転々とするようになっていた。そこでご飯を食べさせてもらったり、寝させてもらったりしたのだ。

真央は語る。

「中学の先輩の家に行くと、私と同じような子供が二、三人、多い時は五、六人いたよ。みんなで一つのことをやるってことはあまりなくて、それぞれが勝手に好きなことをしゃべるとか、ゲームをやるとか、お菓子を食べるとかしていた気がする。寝る時間も決まってなくて、いつも電気がついていて、眠たくなった人が勝手に眠るみたいな感じ。布団で寝る時もあったし、床でそのまま寝ることもあった。

そんなだったから学校にはまったく行かなくなったね。ママはぜんぜん心配してなかった。自分が遊び歩くことでいっぱいだったんだよ。そういう女だから。たまに家にもどってママとばったり会うと、お互いに『あ、いたんだ』みたいな感じ。それが唯一の生存確認だった。私もその時にちょっとだけお小遣いもらって、どっちも行き先を言わないでバイバイするの。中学校になっても、同じだった」

あまり治安のよくない町だから、問題を抱えた子供もそれなりに多かったのだろう。ただ、それを差し引いても、十二歳前後の子供がこんな生活をしていて、周りの大人は何もしないのかと思うが、彼女のもとに児童相談所の職員が来たのは一度だけだったという。

ある日、彼女は久々にアパートに帰って、一人で眠っていた。母親は不在だった。午前中に、呼び鈴《りん》が鳴ったのでドアを開けると、見知らぬ大人が立っていた。児童相談所の職員だという。

一人が尋ねた。

「お母さんはどこにいるかな。ちょっと話をしたいんだけど」

真央は下手なことを言えば面倒になると考えてごまかした。

「いないよ。仕事じゃない？」

「いつ帰ってくるの？」

「毎日時間はバラバラだからわかんない」

「君、学校は？」

「行ってない……。先生嫌いだから」

母親は仕事で不在にしていて、自分は単なる不登校だと言ったのだ。

職員たちは困った様子だったが、一時保護をするわけでもなく、去っていった。それ以来、二度と現れることはなかった。

中学二年に上がって少しして、母親が突然家に帰ってくるようになった。今度は六歳年下の鳶《とび》職の男性をつれ込み、同棲をはじめたのである。これまでは男に養ってもらうような生活をしていたのが、年下の男と交際することで逆に自分が面倒を見なければならなくなったのかもしれない。

家に住み着いた男性は真央に対して「父親」であろうとしたのか、日常の細かなことを口うるさいほど注意してきた。時には大声で怒鳴りつけ、手を上げることもあった。一度怒り出すと、止まらなくなった。

真央は父親でもない他人になんでこんな仕打ちを受けなければならないのかと不満だった。いきなりやってきた男に家を乗っ取られて、支配されたような感覚だった。もし母親とこの男が結婚をするようなことになれば、戸籍の上で自分は彼の娘になってしまうことが耐えがたかった。

真央はますます家に寄りつかなくなり、友人や先輩の家を転々とするようになった。

児相の訪問から里親の元へ

中学卒業後、真央は商業高校へ進学した。受験者数が募集人数を割っているような学校で、受ければ誰でも合格できるようなものだったという。

高校に入学するや否や、真央は似たような境遇の生徒を見つけ出し、家に泊まらせてもらうようになった。その子の家は経済的には裕福で、一つのマンションに祖父母、両親、子供がそれぞれ三ＬＤＫのマンションを個別に借りて暮らしていた。真央はその子が住んでいる部屋に転がり込んだのである。

間もなく真央もその子も高校へ行かなくなった。五月になり、学校側は真央が欠席しつづけていることから、実家に連絡した。母親はまったく関心がなさそうに、「娘がどこにいるのかわからない。学校の方で勝手にしてほしい」と答えた。学校側はこうした家庭の状況を問題視して、同級生宅に真央が転がり込んでいることを突き止めると、児童相談所に通報した。

この時のことを真央は次のように語る。

「いきなり友達のマンションに児相の人が来たの。担当の人から、実家に帰りなさいって言われたから、私は『ママの彼氏がうざいから、アパートから追い出してよ。そしたら家に帰ってもいい』って答えた。

児相の人はそのことをママにつたえて説得してくれたみたい。でも、ママの方がそれを受け入れなかった。彼氏を追い出すくらいなら、娘の私が出て行けって突っぱねた。それで私は一時保護所に預けられて、里親に出されることになったんだ」

児童養護施設で暮らすのか、里親の元で暮らすのか、ある程度の年齢になれば本人が希望を出すことができる。真央は、自分で里親を選んだという。

「施設に暮らすのだけは嫌だった。一時保護所にいた時に、虐待された子供たちに会ってオエッて思ったんだ。ある小学生の子は背中に煙草《たばこ》を押し付けられた火傷《やけど》の傷がいっぱいあって、お風呂に入る時に『傷が痛い、痛い』って泣いていた。皮膚がえぐれて、大きな穴みたいになって、ぐじゅぐじゅに膿《う》んでるの。そんなの見てるだけで泣きそうになるじゃん。別の子供は、手や足の爪が一つもなかった。剝《は》がしたのか、剝がされたのかわかんないけど、虐待のせいみたい。施設ってそんな子ばかりが住んでいるんだって思ったら、私はそこに行くのはムリだって思った。それで里親の方がいいって頼んで、そうしてもらったの」

里親とはすぐに馴染《なじ》めたわけではない。だが、里親経験が豊富な人だったため、真央のような子の扱いには慣れていた。真央の方も少しずつ心を許すようになり、高校へも通うようになったという。

高校を卒業した後、真央は里親の家を離れて、ホテルで住み込みの仕事をはじめた。だが、そこは彼女が思い描いていたような職場ではなかった。寮費や食費などが引かれて手取りは九万円、町から離れていて遊ぶのにも不便だったため、わずか三カ月で逃げ出すことになった。ここから彼女の地の底に落ちたような生活がスタートするのである。

たぶん、客の子

東京にやってきたものの、真央には住む家がなかった。そのため、彼女はデリバリーヘルスで風俗嬢として働くことを選択する。店は風俗嬢の待機所としてマンションの二部屋を借り上げており、そこで寝泊まりすることも許されていたため、転がり込むことにしたのだ。

風俗で働くことについては、さしたる抵抗はなかった。小学生の時から知人宅を転々とする中で、性的なことへの道徳観が歪んでいたのだろう。

真央に言わせれば、デリバリーヘルスの仕事は「割りはよかった」という。いわゆる美形ではないし、肥満体ではあったが、十代ということを売りにすれば客はそこそこついた。月の収入は五十万円以上。真央は高級バッグを買ったり、化粧品を片っ端から揃えたり、日本各地を旅行したりした。

お金が入ったことで気持ちの余裕が生まれると、真央はだんだんとデリバリーヘルスの待機所で暮らすことを苦痛に感じはじめた。二十四時間いろんな風俗嬢が出入りしているし、同僚たちにホームレスのように見下されることも多かった。

真央は一人暮らしをする決意をして不動産屋を回ったものの、壁にぶつかった。十代であっても社会人であることを証明できれば、自分の名義でマンションを借りることができるが、風俗で働いている場合はそれができなかったのだ。

真央は仕方なく、長らく連絡を取っていなかった母親のもとへ行って、母親の名義でマンションの契約をしてほしいと頼んだ。母親は同意してくれ、真央は晴れてデリバリーヘルスの待機所を離れ、それなりのマンションへ入居することができた。

引っ越した後、真央は稼いでいたこともあって、羽振りのいい生活をつづけていた。これに目をつけたのが、母親とその恋人だった。二人はマンションの契約を手伝ったことを理由に、真央にたかりはじめた。「電気代がないから一万円貸してくれ」とか「病院へ行かなければならないので二万円ほしい」などと言って金をせびってきたのだ。

真央はマンションの恩義があったので、嫌々ながらも一万円、二万円とお金を渡した。断れば、マンションの契約を切られるという不安もあった。すると、二人は図に乗って「パチンコをする金をくれ」とか「酒代をくれ」と露骨に金を要求するようになった。

彼女は言う。

「マンションが人質みたいなもんだった。ママも彼も、金を払わなければマンションから出て行ってホームレスになれ、それが嫌なら金を払えみたいな感じだった。だから、私としたら払わなきゃどうしようもないじゃん。クソムカついたけど、二十歳になるまでのしんぼうだと思って我慢した」

十九歳になって間もなく、真央は妊娠していることを知る。「父親はわかんない。たぶん、客の子」だったという。彼女は不摂生な生活を送っていて普段から生理不順だった上に、肥満体だったこともあって、自分が妊娠していることに気がつかず、判明した時には妊娠八カ月になっていて中絶ができなかった。

真央はこう語る。

「お医者さんに産まなきゃいけないって言われた瞬間、育てるのなんて絶対にムリって思った。ママは助けてくれないし、恋人だっていなかった。お金もママたちに取られてほとんど残ってなかった。

病院では産んでから施設に預ける方法があるって教えられたけど、私はそれだけは嫌って思った。前に一時保護所に行った時に会った虐待された子供たちのことを思い出したから。私が言うのもなんだけど、自分の子供をああいう子供たちと同じところに住まわせるのは絶対に嫌だった。

それでいろいろと自分で探したら、特別養子に出すっていう方法を知ったの。いくつか団体があったけど、Ｂａｂｙぽけっとを選んだのは、母子寮があったから。マンションにいたら、ママにお金をよこせって言われるから、逃げたかったんだ」

Ｂａｂｙぽけっとでは、母子寮があり、そこで出産までの生活の支援をしてあげることになっていた。行き場のない妊婦が転がり込み、出産した子供を特別養子に出すことができるようにするためだ。

真央はＢａｂｙぽけっとに連絡をし、母子寮に入って出産することを決めた。そして出産から一週間して、彼女は産まれて間もない子を特別養子に出したのである。

家庭って何？

私が彼女に会ったのは、お産からわずか三週間後のことだった。

つい最近、真央はＢａｂｙぽけっとの母子寮を出てマンションにもどったそうだ。だが、そこでの暮らしについて細かなことは語ろうとしなかった。

インタビューに同行していたＢａｂｙぽけっとのスタッフによれば、彼女にはほとんどお金がなく、支援者がご飯を食べさせてあげなければならない状況にあるということだった。産後であるため風俗店で働くことができず、お金に困っているらしい。マンションの家賃も滞納している可能性があるそうだ。

真央は言った。

「ママからは、今もお金をせびられているよ。私が全然お金ないのは知っているから、前ほどは無茶なことは要求してこないけど、ちょこちょことは言ってくるね。この前も、実家へ行ってお風呂に入ったら、『風呂代払え』って言われて五千円を取られた。一回五千円の風呂って、てめえの家はどんだけの高級ホテルだよって感じじゃん。これでお金取られてご飯食べることもできなくなっちゃったから、Ｂａｂｙぽけっとの人に言って助けてもらったんだ」

彼女は幼い頃から母親からぞんざいな扱いを受けてきたことで、お金を取られることに違和感を覚えなくなっているのだろう。頭が麻痺《まひ》してしまっているような状態だ。だから、口では嫌だと言いながら、そこから無理にでも逃れようとせず、今なお搾取《さくしゅ》されつづけているのだ。

これからどうしていきたいのかと尋ねたところ、真央は将来的に家庭を持つイメージはないと断言した。

「これまで家で家族らしい生活ってしたことがないから、家庭を持ちたいとかぜんぜん考えられないんです。そもそも家庭って何？　って思ってるくらいだから、ずっと今みたいな生き方をしていくのかな。たぶん、そうだと思う。だって、それしかよくわからないから。でも、ママはいなくなってほしいと思うけど」

たしかに彼女には「家庭のモデル」を学ぶ機会がまったくなかった。彼女は子供を愛せないとか、育てられないのではなく、そもそも子供を愛する、育てるということの意味がわからないのだろう。だからこそ、家庭を持つイメージが湧かないと断言するのだ。

しかし、客観的に見れば、彼女が望む「今みたいな生き方」は非常に劣悪な生活環境だし、若さという売りがなくなれば、風俗の仕事であっても今ほどの収入は得られなくなるのは明らかだ。さらに悪い状況に陥《おちい》るのは時間の問題だ。

おそらく彼女が今の生活を脱するには、風俗の仕事を辞めたり、母親から縁を切ったりする以前に、歪んでしまった物事の価値観を変えていかなければ難しいだろう。それには、しっかりした人が傍について何年もの時間をかけて修正していかなければならないが、決して簡単なことではない。

真央のような女性は、決して少ないわけではないのである。

第三章

この子さえいなければ……

望まれない子供

すべての子供が、親に祝福されてこの世に生を授かるわけではない。

現在、日本で行われている人工中絶の件数は、一年間で約十八万件だ。これは、六回の妊娠に対して一回の割合で人工中絶が行われていることを示している。その理由は「経済的理由」「未婚のため」「子育てに自信がない」など様々だが、共通しているのは望まぬ妊娠だったということだ。

女性が望まぬ妊娠をしたからといって、必ずしも子供を堕《おろ》すわけではない。すでに見てきたように、中絶手術の費用がないという理由で出産するケースもあれば、気がついたら中絶可能な期間を過ぎていたという理由で出産するケースもある。あるいは、お産の直前にパートナーと別れるなどして、突然望まれない子になったというケースもあるだろう。

こうした親の一部が、望まぬ子を何としても手放したいと考えて、子供を遺棄《いき》するという犯罪を起こすことがある。

たとえば、二〇一八年に新宿歌舞伎町の漫画喫茶で二十代の風俗嬢が産んだ子供を殺害したという事件があった。彼女は家出をした後、漫画喫茶で暮らしながら、売春で稼いだお金をホスト遊びやホストの恋人とのデートに費《つい》やしていた。酒、セックス、ホストに溺《おぼ》れる日々だった。

ある日、彼女は父親のわからない子供を妊娠してしまっていることに気がつく。もし出産すれば、子育てを一緒にしてくれる父親はいないし、ホストの恋人と過ごす今の楽しい時間を失うことになる。そう考えた彼女は、寝泊まりしていた漫画喫茶の個室で自力で子供を産んでから、その子の口をタオルで押さえて窒息死させた。そして遺体を二カ月ほどスーツケースに置いた後、腐敗臭がひどくなったという理由で近くのコインロッカーに遺棄したのである。

あまりに身勝手な犯行だが、私はこれまで似たような事件を何度か取材してきたことがある。彼女のような女性に通じるのは、「子供によって今の生活が脅《おびや》かされる」という不安から、その場限りの感情で手にかけていることだ。

厚生労働省の調査では、生後一カ月以内に虐待死させられた子供の約七割が「望まない妊娠」で生まれていたことが明らかになっている。むろん、先に述べた女性ほどの悪質な行為をする親はごく稀《まれ》だ。それでも子供を生活の邪魔《じやま》だと考え、切り捨てようとする親は一定数いる。

私が出会ってきたそんな親たちは次のように口をそろえる。

「この子さえいなければ……」

こうした親たちは、どのような経緯で望まぬ妊娠をし、育児困難の状況に陥っているのだろうか。その悲しい顚末《てんまつ》に目を向けてみたい。

ケース⑦ レイプで妊娠した子

菊池志保理《きくちしほり》が結婚したのは、二十八歳の時だった。

大学を卒業した後、彼女はＩＴ関係の会社に就職。退職してからは、派遣社員としていくつかの会社を転々としていた。そんな中、あるイベントに参加したことがきっかけで、夫となる勝通《かつみち》と知り合った。勝通はネット広告を扱う会社のサラリーマンだった。

交際一年で結婚し、志保理はすぐに子作りをはじめる。勝通が一回り年上だったことから、早めに子供がほしいと考えていたのである。だが、この頃の志保理には一つの秘密があった。結婚して間もない頃から、昔の恋人である田沼征一郎《たぬませいいちろう》に呼び出され、肉体関係を強いられていたのである。

ことの経緯はこうだ。

征一郎と付き合っていたのは、大学時代のことだった。志保理はクラブ遊びにはまっていて、バイトとクラブを行き来する日々を送っていた。そんな夜遊びをしている中で出会ったのが、ＤＪをしていた征一郎だった。

彼は髪を三色に染め、肩や腕にタトゥーを入れていた。数年前から違法ドラッグに手を出しており、付き合って間もなく志保理にも使用を勧めた。志保理は遊びのつもりでつかうようになった。知り合いにもドラッグを楽しんでいる人が多く、当時は音楽と違法ドラッグがセットという認識だったという。

予想外だったのが、征一郎は志保理が想像していたより違法ドラッグへの依存が激しかったことだ。毎日のように違法ドラッグをつかっていたが、バイトで生活をしている彼にはそれをつづけていくだけの経済力がない。ある日、征一郎は志保理をそそのかして、同じクラブに出入りする密売人の梶尾《かじお》という男から大量のドラッグを盗んだ。価格にして数十万円分。梶尾の周辺では騒ぎになったが、警察沙汰になることはなかった。

志保理と征一郎の関係が終わるのは、大学三年の頃だった。征一郎が友人とともに違法ドラッグの所持で逮捕されたのである。志保理はそれを知って自分も捕まるのではないかと怖くなり、彼と関係を絶ってクラブへも行かなくなった。大学にまじめに通い、就職活動をはじめたのである。

大学卒業後、志保理は学生時代が嘘だったかのようにごく普通の会社員としてまじめに働いていた。クラブに通っていたのは、「若気の至り」くらいの感覚だったのだろう。勝通と結婚してからは、子供を産んで幸せな家庭を築くのが夢だった。

だが、入籍して間もなく、征一郎が突然SNSを通じて連絡をとってきた。重大な話があるので会いたいと言われた。彼のアパートを訪れると、征一郎は定職も持たず、重度の薬物依存症になっていた。あれからまた捕まって刑務所へも入ったという。

彼は言った。

「なあ、ヨリをもどそうぜ」

志保理は結婚していることを理由に断った。すると、征一郎は無理やり彼女を押し倒し、レイプをした。ことが終わった後、志保理は怒って警察に通報すると言った。すると征一郎はこう脅《おど》した。

「学生時代に、梶尾からクスリを盗んだの覚えてるだろ。梶尾はヤクザになったぞ。もし警察に訴えたら、梶尾におまえがクスリを盗んだと話して、殺してもらうからな。おまえの旦那にだってバラしてやる」

志保理は事実であることから言い返すことができなかった。さらに征一郎はそれを脅しに、志保理を度々《たびたび》呼び出しては性行為を強いるようになった。志保理は嫌だったが、過去を暴露されるのが怖く、言いなりにならざるを得なかった。

妊娠に気がついたのは、そんなある日のことだった。志保理はどちらの子供かわからなかった。だが、「妊活」のために夫婦で通っていたクリニックで妊娠が発覚したため、人工中絶をしたいと言い出すことができない。夫の勝通も我が子であることを信じて疑わず、妊娠の知らせに大喜びした。

志保理は言う。

「クリニックで妊娠が判明してすぐ、出産するしかない状況になっていたんです。私はもうどうしていいかわからなくなっていました。どっちの子かわからなかったし、中絶手術のタイミングは逃しちゃうし、かといって真実を話すことなんてできない。日に日にお腹が大きくなっていく中で、なんとか流産してくれないかと、わざと水風呂に長時間つかったり、筋トレ用のバーベルでお腹を叩いたりしていました」

征一郎の方は、妊娠を知った途端に切り捨てるように連絡をしてこなくなった。

志保理は妊娠を一度も嬉しいと思ったことがないまま、お産の日を迎えることになった。

発覚

クリニックの新生児室で、志保理はガラス越しに初めて娘と対面した。気になっていたのは、どちらの子かということだった。

志保理は娘の目元や口の形を一目見て、直感的に征一郎の子供にちがいないと感じた。調べる必要もなかった。そして同時に、彼女は何が何でも事実を隠して勝通の子供として育てなければならないと心に誓った。自分が黙ってさえいれば、わかることはないだろうと思った。

だが、わずか数カ月で、事実がバレてしまう。娘の体調がすぐれなかったため、検査をしたところ、心臓に問題を抱えていることがわかった。そこで病院側から病気や治療の説明を聞いている最中、勝通は娘の血液型が自分と一致しないことに気がついたのである。

その晩、勝通は言った。

「あの子、俺の子じゃないだろ。一体どういうことだ」

志保理は隠しきれないと思い、泣きながら事情を打ち明けた。勝通は許すとも許さないとも言わず、憮然としていた。

これを機に、夫婦生活は冷え切ったものになった。勝通は志保理と話をするどころか、目を合わそうともしなくなった。寝る時もソファーで横になった。原因は明らかだったが、志保理は自分が悪いので何も言えなかった。

半年後、二人の関係は幕を閉じる。勝通が「やっぱり志保理を許すことができない。娘も育てる気になれない」と言って離婚届を差し出してきた。志保理は養育費を求めることもできず、離婚に応じた。

離婚後、志保理は娘を一人で育てることになった。自分の責任だとわかっていたものの、志保理にとっては幸せだった結婚生活を破壊した存在だった。この子さえ生まれてこなければ、離婚という事態にはならなかったのだ。

成長するにつれ、娘はどんどん征一郎に似てきた。顔を見る度に、レイプされた時のことや、妊娠がわかった時の絶望感がこみ上げてくる。さらに心臓の病気もなかなか良くならず、昼夜を問わず手がかかり、仕事に就くこともできなかった。最初はわずかな貯金を切り崩したり、実家から支援をもらったりしていたが、やがて生活保護を受給することになった。

志保理の言葉である。

「私にとって娘は悪魔みたいな存在でした。彼女を妊娠してからどんどん人生が壊れていった。まさか自分が生活保護を受けてシングルマザーになるなんて夢にも思っていませんでした。病気でしょっちゅう具合が悪くなるので、プライベートの時間さえもてない。毎日何度も『この子がいなければ』って思っていました」

おまえのせいだ

志保理はあるきっかけから、娘に対する憎しみを行動に移すようになる。三歳になった娘からこう言われたのだ。

「なんで、うちはパパがいないの？」

保育園の友達にはいて、自分にはいないということを不思議に思って言葉にしただけだったのだろう。だが、志保理は「おまえが何もかも奪ったんだろ！」と思い、怒りに体を震わせた。

以来、志保理は娘に対してつらく当たるようになった。お腹が空《す》いたと言えば「あんたのせいで貧乏なんでしょ」と怒鳴りつけ、病気で苦しんでいれば「そんなにつらいなら生まれてこなければよかったのに！」と言い捨てる。そうしているうちに、だんだんと手を上げることも増えてきた。

ある日、病院の担当医師が志保理の虐待に気がつく。体に多数のアザがあるのを見つけたのだ。医師は、志保理を別室に呼び出して言った。

「最近、お子さんに手を出していませんか。この子は普通の子よりもはるかに体が弱い。しつけを厳しくしすぎると命にかかわることもありますよ」

医師としては通報するというより、まずは注意によって考えを改めてもらおうという気持ちだったのかもしれない。

だが、志保理はその言葉を聞いた途端に、これまで我慢してきたことが堰《せき》を切ったように溢《あふ》れてきた。彼女は医師の前で泣きだし、レイプされて妊娠したこと、夫に知られて離婚させられたこと、今でも娘を愛せないことなどを語った。自分一人で娘を育てていくのは不可能だと訴えた。

医師は話を聞いた後、しかるべき機関に相談するように勧めた。志保理はまず市がやっている窓口に連絡をして、これまでの経緯について語り、娘を手放して新たな人生を開いていきたいと言った。相談員からは支援を受けて子育てをしたらどうかとアドバイスされたが、志保理の娘に対する拒絶感はつよかった。

「この子を育てていくのは絶対に無理だと思う。大きくなったら、もっとひどい虐待をしてしまうと思います。だから今のうちに手放したいんです」

その後も、児童相談所とのやり取りなどがあった後、娘は施設に預けられることになったのである。

母親にとって、レイプで生まれた子に対する感情は複雑だろう。

志保理のように、一度は本人が育てていこうと決心したにもかかわらず、夫を含めて周りの人たちが事実を知ってそれを許さないケースもある。

むろん、表面だけで判断すれば、過ちを犯した母親に責任があると言える。だが、そこに至ったプロセスを見れば、彼女たちもまた被害者の一人であり、犠牲になるのは子供なのだ。同じような問題は、レイプだけでなく、不倫などによって生まれた子供にも当てはまる。

家族は実情を知った時、子供の将来をどう考えて決断していくか。そこに対する社会的なサポートはまだまだ足りないのが現実だ。

ケース⑧ 「婚活」の犠牲者

近年、晩婚化の波は着実に広がっている。

初婚の平均年齢は、男性が三十一・一歳、女性が二十九・四歳だ。女性の初産の平均年齢は三十・七歳。三十年前とくらべると、初婚の平均年齢は三年ほど上がり、初産のそれは四年も高くなっている（厚生労働省・人口動態統計）。

こうした背景には、女性の社会進出や共働きが自然になっていったことがあるだろう。ただ、職場環境によってはなかなか出会いがなかったり、仕事に励むあまり恋愛が二の次になったりするケースがある。これまで長い間、出会いの場として機能していたお見合い文化も廃《すた》れてきた。そうした時代の中で、「婚活」という言葉が流行《はや》りだし、個々が一つの活動として結婚を目指すようになったのは必然だったのだろう。

だが、どんなことにも落とし穴はある。本項で見ていきたいのは、結婚を急いだあまり、育児困難に陥った女性だ。彼女はこんなことを言っていた。

「結婚を急がなければ、私はシングルマザーにはならなかったし、自分の子供を嫌いにもならなかったと思ってます。結局、婚期を逃した女って弱いんですよ。男の人はそれを利用する。私と子供は、その犠牲になったんだと思います」

結婚を急ぐことがなぜ、育児困難につながるのだろう。

婚活で出会った男

三浦萌《みうらもえ》は、医療関係の会社で働いていた。奥村尚貴《おくむらなおき》と出会ったのは三十八歳の頃。結婚を考えて、婚活の一環として出席していたコミュニティーサイトのオフ会の場でのことだった。

萌は二十代の時はまったく結婚について考えていなかった。シングルマザーの母親が一人っ子の彼女の異性関係に口うるさかったのにくわえ、ガンを患った母親の介護に追われたこともあって、異性と付き合うチャンスがなかったのだ。

だが、三十代半ばになって周りが次々と家庭を持ち、母親も他界して一人になったことから、急に結婚願望を抱くようになった。冷静に考えてみれば、年齢的にも残された時間は少ない。それで何度かお見合いパーティーに出たり、友達から紹介された男性とデートをしてみたりと「婚活」をはじめたのだが、どれも望んだ結果は出なかった。

彼女の頭に浮かんだのは、お産のことだった。このままズルズルとうまくいかない時期がつづけば、家庭ばかりでなく、子供を持つこともできなくなる。生涯にわたって孤独な人生を歩まなければならない。そんなふうに考え、結婚への焦《あせ》りだけが膨らんでいった。

そうした中で出会ったのが、尚貴だった。尚貴は体育会系で、積極的に女性を引っ張っていくタイプだ。萌にとっては一緒にいて「楽だ」と思える相手だった。

付き合って一年後の三十九歳の時、萌は妊娠しているのに気がついた。これまで自分から結婚の話を切り出したことがなかったので、妊娠がわかった時は「これで結婚できる」と思った。

次のデートの日、萌は尚貴に妊娠を告げた。尚貴から返ってきた言葉は予想外のものだった。

「ごめん、すぐには結婚できないんだ」

なぜ、と尋ねた。彼は気まずそうに答えた。

「内緒にしていたけど、俺、結婚してるんだ。子供もいる。でも今、離婚の話を進めている。近いうちに別れられると思うけど、法律的に結婚はできない。離婚するまで待ってくれないか」

人工中絶してから、尚貴の離婚を待つという選択肢もあっただろう。だが、萌は焦っていた。今堕してしまったら、次にいつ妊娠できるかわからないという不安があった。また妊娠している状態であれば、尚貴にプレッシャーをかけられるという気持ちもあったかもしれない。彼女は、彼が離婚するのを待つことにした。

これが転落のはじまりだった。

萌はシングルマザーとして娘を産んだ。わざわざ尚貴から一字とって名前をつけた。萌は尚貴から言われていたこともあって、遅くとも三カ月以内には結婚できると思い込んでいた。

しかし、二人の間で結婚の話は遅々《ちち》として進まなかった。萌が問いただしても、尚貴は「離婚を切り出したら、膨大な慰謝料を請求された」「嫁の親が世間体を気にしていて離婚を許してくれない」「子供が病気で入院していて話を進められない」などその都度《つど》言い訳ばかりするのだ。

半年、一年と経ち、娘は尚貴から認知さえしてもらえないまま、どんどん大きくなっていった。立ち上がって「ママ」と言うようにもなった。職場からは、そろそろ仕事に復帰してくれという声がかかる。もし今のまま保育園に上げれば、娘は自分に父親がいないことを理解するだろう。なぜ、と娘に訊《き》かれたら、どう答えればいいのか。

萌は尚貴の背を押すために、マンションを購入することを決めた。何の相談もせず、尚貴が会社に通勤しやすい場所に三十年ほどのローンを組んで三LDKの部屋を購入したのである。そして、こう言った。

「マンションを買ったから、あなたは無一文で家を出てきても大丈夫。すぐに奥さんと別れて、一から私たちと生活をスタートさせよう」

自分が尚貴を養うつもりだった。だが、尚貴からの答えは残酷だった。

「勝手なことすんじゃねえよ！　俺にだっていろいろ事情があるんだ」

「私にも事情があるもん」

「知るかよ！　おまえは自分勝手すぎるんだ。俺はもうおまえとは結婚できない。子供も認知しない。俺の前から消えろ！」

「そんな。だってあなたが離婚してくれるって言うから産んだのに」

「その時はそう思ったよ。でも、勝手に物事を進めたのはおまえだろ。俺には責任はない」

尚貴はそう言って萌の前から立ち去った。きっと彼は初めから家庭を捨てるつもりはなかったのだろう。萌は都合よく遊ばれただけだったのだ。

子供とローンだけが残った

萌に残されたのは、娘とマンションのローンだった。萌は四十代になっていた。

職場復帰してシングルマザーとして働くのは、想像していたよりはるかに大変だった。保育園のお迎えのために十七時前には会社を出なければならず、娘が喘息《ぜんそく》持ちで発作を起こす度に呼び出される。会社の中でも、未婚で出産をした彼女に向けられる目は冷たかった。不倫の子を産んで捨てられた女。それが彼女に注がれた視線だった。

――このまま負け組のシングルマザーとして人生を終わらせたくない。

萌はなんとか尚貴よりステイタスの高い男性を見つけて結婚しようとした。

彼女は婚活サイトを駆使して、年収の高い男性を見つけては次々と関係を結ぶようになった。同時にいくつかのサイトに入会し、複数の男性と付き合って結婚を求めたこともある。

男性たちは萌と男女の関係にはなるものの、結婚するという話にはならなかった。幼い子供がいて、マンションのローンを抱えている四十代の女性という条件がネックになっていたのかもしれない。

萌は付き合ってはフラれることを何度もくり返すうちに、娘の存在が邪魔だと思うようになっていた。

この子がいるから私は捨てられるんだ。この子さえいなければ、幸せな人生を歩めるはずなんだ。

そんなふうに考えるようになったのだ。

この頃から思い通りにならないいら立ちを娘にぶつけることが増えていった。眠れと言って眠らなかったり、転んで服が汚れたりしただけで、怒鳴りつけた。

「なんでそんなことをするの！　私に対する当てつけのつもり？」

保育園児が意図してそんなことをするわけがない。だが、萌は冷静さを失い、喘息の発作ですら、自分への嫌がらせにやっているのだと考えるほどの被害妄想に陥っていたのだ。

さらに同じ時期から、婚活サイトで知り合った男性と体の関係になると、家に帰らないことが増えた。スーパーで買ったお菓子やおにぎりをテーブルの上に置いておき、自分は相手の家やホテルに泊まるのである。日によって、娘は二晩も三晩も家で一人で過ごさなければならなかった。

こうした状況に最初に気がついたのは、保育園のスタッフたちだった。保育園を欠席することがだんだんと増えて、母親ともなかなか連絡が取れない。たまにやってくると、娘が驚くくらいに痩《や》せていたり、爪が伸び切っていたりする。

保育園側は何度か萌を呼び出して事情を問いただした。彼女はこう言い訳した。

「仕事が忙しくてちょっと育児がおろそかになっただけです。もう少しで落ち着く予定です」

数カ月しても、状態は一向に変わらない。むしろ欠席の日数だけが増えていく。保育園側は仕事と育児の両立がうまくいっていないのではないか心配して、一時預かり所や市の相談窓口を紹介したが、本人は「大丈夫」と言い張った。

こうしたやり取りが何度かつづいたことで、萌は娘への虐待を疑われているのだと察した。そして、逃げるように保育園を辞めると言い出した。だが、保育園側はつながりが絶たれてしまうのを恐れ、その前に市に通報した。

対応に当たった担当者が家庭訪問をしたところ、萌は泣き崩れてこう言った。

「私はだまされて娘を産んだんです！　そして娘は私の人生の邪魔ばかりする。もう別々に生きていきたいんです！」

実は萌は少し前から重度の精神不安に陥って、会社も頻繁に休むようになっていた。担当者はそうしたことを考慮して病院での検査を勧めた。医師は萌がうつ病を発症しており、育児が困難な状態にあると判断。萌自身の意向もあったことから、娘を施設に預け、萌は休職してうつ病の治療に専念することになった。

結婚願望の呪縛《じゅばく》

それから二年が経ったが、現在でも萌は相変わらず娘を施設に預けて別々に暮らしている。うつ病の症状が思いのほか重く、引き取って育てることができないのだそうだ。

萌は語る。

「娘が憎いという気持ちはだいぶ薄れてきました。二年間離れ離れになって、だいぶ落ち着くことができたんだと思います。自分の子供ですから、写真を見るとかわいいとは思いますよ。

でも、一緒に暮らせるかと訊かれたら、微妙です。うつ病は良くなったり、悪くなったりなんです。ほとんど毎日のように気分の浮き沈みがある。これが治らないことには育児は厳しいって先生にも言われています。

それに、私が娘を引き取ったら、それこそ二度と結婚が難しくなりますよね。男の人って、やっぱり血のつながりのない子供がいるのを嫌がりますから。よく血のつながりのない子供を虐待する事件が起きているじゃないですか。

実は今、私には彼氏がいるんです。ネットで知り合った人で、十四歳年下です。でも、娘がいることは話していません。言ったら、ダメになるでしょうね。若いですから。そういうこともあって、娘を引き取るという感じにはなれないし、そのタイミングもわからないんです」

まだ具体的に結婚の話が進んでいるわけではなく、むしろ今の恋人とは心を慰《なぐさ》めてもらう相手として付き合っているという。だが、頭のどこかに結婚の二文字があることも事実だろう。彼女は未だに「結婚願望」の呪縛にとらわれているのだ。

萌のような女性をどう捉えればいいのだろうか。

女性が結婚を焦るあまり、冷静さを失って、自分に不利な決断をしてしまうことは起こりうる。そんな女性のことを「婚活を焦って墓穴を掘った」「男を見る目がなかった」「あまりに焦りすぎ」と非難するのはたやすい。客観的に見れば、彼女が突っ走ってしまった点は少なからずあるだろう。

だが、萌は男性にだまされて子供を産んだわけで、被害者という立場であることに変わりはない。マンションのローンにせよ、うつ病にせよ、半《なか》ば結婚詐欺のような一件がなければ起きなかったことだ。そういう意味では、彼女は同情され、支援を受けてしかるべきだ。

考えなければならないのは、不倫のような状況で子供を授かった場合、女性の方が圧倒的に不利になるケースが多いことだ。育児困難に陥る親の大半が女性なのは、男性の方が先に育児を放棄するからだ。男性は逃げてしまえば済むが、女性は育児も含めてあらゆる負担を背負っていかなければならない。

むろん、不倫相手に子供の認知をしてもらうとか、それによって養育費を払ってもらうといった方法もあるが、お金を払って弁護士を雇い、様々なストレスを抱えながら長期間にわたって協議や裁判を進めていくのは、誰もが簡単にできることではない。逆に言えば、そういうことが苦手だったり、できない事情を抱えていたりする女性が、不必要な負担を抱えてしまうことになる。
逃げた男性の方が得をする状況は、たしかに今の日本社会にはあるだろう。

第四章

心と体の疵《きず》

育児困難——ある発達障害の女性の場合

多くの親にとって、子育ては簡単なものではない。

それなりにゆとりある生活ができる収入があり、肉親や友人が育児をサポートしてくれる環境が整っていて、勤めている会社は福利厚生がしっかりしている。

仮にそんな状況であっても、親にとって子育ては簡単ではないはずだ。それなのに、もし親に何かしらのハンディーがあったらどうだろうか。たとえば、身体障害、知的障害、発達障害、精神疾患といった困難を抱えていれば、親にとって育児の負担はどうなるか。単純に比較できないことを前提にしても、健常者が想像もできないような壁があることは確かだろう。

私が知っている女性の例を述べよう。

その女性は発達障害の一つであるＡＤＨＤ（注意欠陥・多動性障害）で、音に対する感覚過敏もあった。彼女は一つのことに集中することができず、ご飯をつくるだけで五時間も六時間もかかってしまっていた。子供に手づくりのご飯を食べさせようとするあまり、夕方六時に料理をスタートしても、完成するのは深夜。そのため、幼い子供は途中で寝てしまい、ご飯を食べられない日々がつづいた。

さらに、周囲の雑音がいっぺんに耳に入ってくるような聴覚過敏のせいで、人混みの中に長時間いることもできなかった。いろんな音が襲いかかってくるような気がしてパニックになってしまうのだ。

そんな彼女にとって週に何度かの銭湯通いは耐え難かった。アパートにお風呂がなかったことから、定期的に近所の銭湯へ行かなければならなかったのだが、場内に響く物音が怖くて一分といられないのだ。そのせいで銭湯から足が遠のき、特に冬には二、三カ月も子供の体を洗ってあげることができなかった。

こうなると、子供はご飯をほとんど食べさせてもらえない上に、不潔なまま放っておかれてしまう。親に虐待の意志がなくても、発達障害が引き起こす問題によって子供を虐待の状況に置くことになるのだ。

もちろん、親が発達障害を持っているからといって、全員が全員このようになるわけではない。夫や親族がサポートしたり、地域の支援を受けたりしていれば、困難を乗り越えて適切な育児をすることができる。しかし反対に、そうした支援環境が整っておらず、社会的に孤立していれば、親の意図に反して育児困難の状況が生まれかねない。

これを示す統計の一つが、乳児院における入所理由だ。乳児院はおおむね二歳くらいまでの子供を預かっている施設だ。親がここに子供を預ける理由としてもっとも多いのが「父又は母の精神疾患等（二十二・二％）」なのである。こうしたことを踏まえれば、親が持っている精神、知的、発達のハンディーが子育てを難しくしていることは明らかだろう。

とはいえ、社会にはこうしたハンディーを抱える人たちに対するセーフティーネットが整えられているはずだ。障害者年金もあれば、民間の支援団体もある。それなのに、なぜ彼らはそのセーフティーネットの隙間《すきま》からこぼれ落ちて、育児困難に陥ってしまうのだろうか。

背景には、こうした親たちを取り巻く複雑な要因がある。

ケース⑨ ホルモンバランスと心中

岡美冬《おかみふゆ》は、幼い頃からいろんな問題を抱えていた女の子だった。言葉の発達が遅く、運動神経も悪く、頻繁に体調を壊した。何より人とコミュニケーションをとることが苦手で、いつも家や教室の隅っこで一人で過ごしていた。

一方で、両親やきょうだいは、美冬とは正反対の社交的なタイプだった。父親は大手メーカーに勤め、母親は元教師。夫婦仲も良く、年の離れた姉二人はスポーツ万能で、美冬だけが極端に内向的だったのだ。

母親は美冬のことを心配し、なんとか周りに心を開かせようと英会話、ダンス、スイミングなどいろんな習いごとをさせた。しかし、何をやらせても美冬は溶け込むことができず、すぐに行かなくなった。幼稚園さえも不登校になって年長の時に辞めてしまった。

小学校に上がって間もなくは、遅刻しがちではあったが、どうにかこうにか登校はしていた。だが、暗い性格はそのままで、学校では友達どころか、しゃべる相手さえほとんどいなかった。そして学年が上がるにつれ、「具合が悪い」と言って学校を欠席することが増えていった。

五年生になった頃、母親はそんな美冬を病院につれていった。姉妹の中であまりに一人だけ違いすぎるため、何か問題があるのではないかと考えて調べてもらうことにしたのだ。その結果、知的なレベルが標準より低く、ボーダーに近いと指摘されたが、精神疾患等は見つからなかった。受けたアドバイスは、今のところは見守っていくしかないということだった。

六年生に上がってから、美冬はまったく学校へ行かなくなり、「死にたい」という言葉を口にしはじめた。両親は驚いて理由を問いただしたが、彼女はこう答えるだけだった。

「別に（理由は）ない。死にたいだけ」

理由もなく、死にたいというのだ。

きっと何かあるにちがいない。両親は何度も理由を訊いたり、元気が出るという漢方を飲ませてみたりした。だが、美冬の内向的な性格や自殺願望がなくなることはなかった。

中学生になった後、美冬はリストカットの真似事をするようになった。両親は心の病があるのだろうと考え、美冬にカウンセリングを受けさせることにした。評判のいいカウンセラーがいると聞けば、車で片道一時間以上かかる道のりを運転して週に二度も三度も通った。

カウンセリングでは、いろいろと調べられ、美冬は月経の直前に自殺願望を膨らませる傾向にあると言われた。月経の直前に、ホルモンの問題でイライラが収まらないなどといった女性は少なくないが、彼女の場合はそれが希死念慮《きしねんりよ》にまで膨らむのだという。両親は月経の症状を抑える薬を方々《ほうぼう》から取り寄せるなどしたが、期待していたような改善は見られなかった。

　十代の半ばになり、美冬はインターネットで知り合った人々と外で会うようになった。両親は学校へ行かないのなら、せめて別の形で友人をつくってくれればと思って黙認したが、これが本格的な自殺未遂を起こすきっかけとなった。会った人たちとの関係がうまくいかなくなる度に、カッターナイフでざっくりと手首を切りはじめたのだ。

　両親は、その度に理由を訊いたが、美冬の返事は捉えどころのないものだった。

「Aさんに送ったメールを無視された」

「B君が仕事のせいにして会ってくれない」

「なんか頭がグチャグチャになった」

　両親にしてみれば、どうしてそんな理由で手首を切らなければならないのか、という気持ちだった。だが、当の本人は両親の心配をよそに同じことをくり返した。


この子と一緒に死ぬ！


「私、結婚する」

　美冬が唐突にそう言いだしたのは、十八歳の時だった。中学卒業後は高校へ進学せず、実家に暮らしながらスーパーなどのバイトを転々としていた。結婚する相手の男性とは、ネットで知り合ったのだという。

男性は、尾上宗哉《おのえしゆうや》といった。五歳年上で、高校卒業後はアミューズメント施設でアルバイトをしていた。いわゆるフリーターだったが、実家からの支援があってお金に困っているような様子はなかった。

両親は不安だったが、美冬が結婚を機に変わってくれるのではないかと期待して認めることにした。長い間手を焼いていたこともあって、宗哉なら何かしてくれるのではないかという期待があったのだろう。

美冬は宗哉の暮らすアパートに引っ越してから、しばらく実家には連絡をしてこなかった。両親はうまくやっているにちがいないと考えて触らないようにしていた。

二年が経ったある日、美冬が突然生まれたばかりの赤ん坊をつれて実家に帰ってきた。宗哉も一緒だった。二人の子だという。両親からすれば、なぜもっと早く教えてくれないのかという気持ちだったが、何も言わずに祝福することにした。

この日を境に、両親は美冬夫婦と急接近していざこざに巻き込まれることになる。両親は知らなかったが、美冬は結婚して落ち着くどころか、家庭のことで宗哉と衝突しては自殺未遂を起こしていた。そして美冬は実家の両親と再会したことで、トラブルが起こる度に両親を巻き込むようになったのである。

美冬と宗哉の諍《いさか》いはほぼ毎日あり、三カ月に一度くらいは自殺未遂を起こしていた。これまでと違ったのは、美冬が自殺の際に赤ん坊を巻き込もうとすることだった。感情が昂《たかぶ》ると、決まってこう叫ぶ。

「この子と一緒に死ぬ！」

ある時は赤ん坊の首にコードを巻きつけて絞《し》め、別の時は赤ん坊を抱っこして駅の線路に飛び降りたこともあった。この時は電車が走っていなかったからよかったものの、間一髪ということも度々あった。

こうしたことに嫌気がさしたのか、宗哉はよそに恋人をつくって家にあまり帰らなくなった。宗哉にしてみれば、美冬のことは義父母に任《まか》せ、自分は極力かかわりたくないというのが本音だったのだろう。ついに美冬は宗哉と離婚し、赤ん坊とともに実家にもどってきた。

両親は再び美冬の面倒をみなければならなくなったものの、このままでは孫の命に危険が及ぶと考え、市の窓口に相談を持ち掛けた。そして、そこからの勧めで、美冬を精神病院に入院させ、その間は孫を施設に預けることにした。美冬が快復すれば、引き取るという約束だった。

だが、両親の願い通りに物事が運ぶことはなかった。二カ月足らずで、美冬は「重症ではないので、外来に切り替える」と言われて退院し、家にもどってきたのである。美冬は自分は治ったものと信じ込み、子供を引き取った。両親の目には、美冬が以前とまったく変わっていないように感じられたが、医者の判断を信じるほかになかった。

四カ月後、両親の懸念が的中する。

美冬はインターネットで知り合った男性と深い関係になり、そのトラブルからまたもや心中を図ったのだ。その夜、両親が寝ていたところ、子供のただならぬ泣き声が聞こえてきた。あわてて駆けつけると、寝室で子供の口に大量の薬を飲ませようとしていた。

両親は子供を引き離し、すぐに病院へ運んだ。幸い、発見が早かったことから、子供の命に別状はなかった。だが、両親は美冬の心の病が改善されておらず、近いうちに最悪の事態に陥ると確信した。それで児童相談所に連絡し、美冬から子供を引き離してもらうことにしたのである。

自殺の衝動

美冬について私が話を聞いたのは、この両親からだった。

元教師の母親は、次のように語った。

「学校で教諭をしていた頃、自殺する子供にはいじめなど確固たる理由があるのだと思っていました。でも、美冬という娘を持ったことでその考え方が変わりました。彼女の自殺願望は衝動的なんです。常に死にたいという気持ちがぼんやりとあって、月経によるホルモン変化だとか、旦那さんとのトラブルだとか、何かきっかけが生じた途端に自殺を実行しようとする。適応力が弱いといえばそれまでなのですが、カウンセリングを受けたり、薬を飲んだりしても、数カ月や数年で治るものではないのです。私たち夫婦が手に負えないと判断したのは、そのためでした」

彼女の言う通り、私たちは何か一つの原因によって自殺が起こると考えがちだ。いじめ、過労、精神疾患、差別、パワハラ……。

もちろん、それが自殺の原因になることはあるが、すべての人が一つの明確な理由で命を絶とうとしているわけではない。美冬のように幼少期から人と関係性を持つことができず、漠然とした希死念慮を抱いている人もいるのだ。

科学的な研究の中でも、こういう人は一定層いると言われている。その一つが、脳内のセロトニンという物質が不活性な人だ。彼らは生まれついて抑うつ状態にあったり、些細《ささい》なことから衝動的な行動に走りやすく、そうでない人とくらべると自殺率が高いとされている。生まれ持って、脳内にハンディーを抱えているとも言えるだろう。

問題は、こういう女性が大人になり、子供を持った後のことだ。もちろん、全員が全員そうなるわけではないが、一部の人が美冬のように子供を巻き込んで心中に及ばないとも限らない。この場合、最大の犠牲者は子供だ。

母親はつづける。

「世間からすれば、私たち親がちゃんとしなかったせいだと言われるかもしれません。でも、私たちはできる限りのことはしたつもりです。それでもうまくいきませんでした。時間も、お金も、知識も限度がある中で、これ以上どうすればいいでしょう」

今も、美冬は実家に暮らしながら、時折アルバイトをしてはすぐに辞めるという生活をくり返している。相変わらず、年に二回くらいは自殺未遂をするそうだ。

母親は言う。

「こういう言い方はどうかわかりませんが、また子供をつくって心中するようなことだけは避けさせたいと思っています。でも、私たちが何を言っても聞き流されるので、止める方法がないのです」

美冬は今年で二十六歳になるが、心の問題はまったく改善されていない。

ケース⑩ 病んだ母と子の共依存

母親の中には、自分では子供を育てられないとわかっていながら、手放すことができない人がいる。

このままではどんどん子供に暴力をふるってしまう。あるいは、ネグレクト状態に陥ってしまう。そう思っていても、子供を児童相談所などに引き渡すことができないのだ。

こういうケースでは、親子が「共依存」の関係になってしまっていることがある。一緒にいることが不適切だとわかっていながら、どこかで相手に依存しており、離れるに離れられない。

次に紹介するのは、そんな田村景子《たむらけいこ》という女性だ。

彼女は三十二歳でありながら、ウイッグを被《かぶ》って私の前に現れた。ストレスから髪を抜いてしまう抜毛症《ばつもうしょう》（トリコチロマニア）で、ほとんど髪が残っておらず落ち武者のようになっているという。それを隠すためにウイッグをつかっているそうだ。

彼女の生い立ちから紹介したい。

酒乱の父

東北の小さな町で、景子は二人姉妹の長女として生まれた。妹は生まれながらにして知的障害があった。

両親は、景子が幼稚園に入園する前に離婚。父親が景子を引き取り、母親が妹を引き取ることになった。母親が景子の世話を父親に託したのは、知的障害のある妹を世話するので精一杯だったということがあるのかもしれない。

鳶職だった父親は夜が遅かったため、保育園から小学校の低学年にかけて、景子はほとんど実家に預けられていた。

実家には祖父母以外に叔母《おば》夫婦が住んでいて、しょっちゅう嫌がらせを受けていた。些細なことで長時間説教を受け、夕食時には「あんたのお父さんが食費を入れていない」

と、具のない塩おにぎりしか出してもらえなかった。

小学校の三年生くらいから、景子は実家から「もう大きいんだから一人でも大丈夫でしょ」と言われて、放課後は父親が暮らすアパートで留守番をすることになった。父親は酒癖が悪く、毎晩遅くまで酒を飲んで帰ってきては、景子に暴力をふるった。

景子は回想する。

「父は家に帰ってきてすぐに酒を飲むんです。最初はブツブツ文句を言って、次第にいらだって物に当たる。壁を殴る、コップを投げる、私のノートや教科書を破る……。学校のリコーダーを木っ端《こっぱ》みじんにされたこともありました。先生には父にやられたって言うわけにいかないので、『私が壊しました』って嘘の説明をして怒られたこともあります。

父は私にも暴力をふるいました。理由なんてありません。目の前にいるだけで『邪魔だ！』とか『こっちまで気分が暗くなる』なんて言って鉄拳が飛んでくる。殴られて鼻血が出るとかは日常でした。ふすまや壁には私の血しぶきが常についていましたから。

そうそう、玄関で突き飛ばされて頭を打って、大量出血して病院に運ばれたことがありました。病院へ運び込まれた後、父がお医者さんに『娘が転んで頭を打った』と説明していました。父がしたことは、すべて私のミスってことになっていたんです。お医者さんもそれを信じていて、私は絶対に大人のことは信用しないって思いましたね」

父親は景子に食事も服も買い与えなかったという。衣服はすべて親戚のおさがり、食事は父親の酒のつまみの残りを食べていたそうだ。そのため、景子は小学校の時に好きな食べ物を尋ねられて「鮭《さけ》トバ」「漬物」と答えていたという。

結婚した相手もDV男だった

景子が保護されたのは、小学六年生の時だった。景子には、古着をくれる親戚のおばさんがいた。そのおばさんに何気なく父親の暴力について相談したら、こう言われたのだ。

「それは虐待よ。すぐに市役所に行って相談しなさい」

思春期になって父親との生活に嫌気がさしていたことから、景子は市役所へ行ってすべてを打ち明けた。その場で児童相談所の職員が呼ばれ、一時保護されることになった。本心では母親のところへ行きたかったのだが、児童養護施設へ送られた。母親が引き取りを拒絶したのだろう。

施設で、景子はトラブルばかり起こしていた。これまで父親から暴力を受けたことで心が荒《すさ》んでいたに違いない。職員のことは信頼できず、他の子供たちとは些細なことでぶつかり、一人でいても絶えず気が立っていた。

高校三年の終わり、景子は施設職員に対する傷害事件を起こし、追い出されるような形で遠い親戚の家に預けられた。その家はワンルームしかなく、プライバシーがまるでなかった。景子は我慢できずに一カ月で家出をし、当時付き合っていた大学生のアパートに転がり込んだ。

なんとか高校を卒業し、パチンコ店に勤めはじめるが、景子は妊娠したところ、彼から人工中絶手術を受けるように強《し》いられて心を病んでしまう。うつ病、パニック障害、睡眠障害など次々に異常が現れた。

景子は二十歳の時に二度目の妊娠をする。前回の人工中絶手術の苦い記憶があったため、出産することにした。彼氏も大学を卒業していたことで結婚を認めてくれた。間もなく、男の子が生まれた。

産後、二人は安定した収入を得るために東北から関東に引っ越して就職活動をしたが、正社員の仕事は見つからなかった。夫はやむを得ずに非正規雇用の職に就くも、趣味の音楽や飲食にお金をつかってばかりで家庭に入れようとしなかった。景子に生活費を求められれば、逆上して暴力をふるった。

景子は語る。

「気がついたら、夫があれほど嫌だった父親そっくりのDV男になっていたんです。何よりも嫌だったのがセックス。彼はものすごく性欲がつよくて、毎晩のように体を求めてきました。私が少しでも嫌がれば、ブチ切れて私を全裸にして正座をさせ、何時間も説教をしてきました。

息子の育児も普通の子供より手が掛かりました。後で息子はADHDだって診断されるんですけど、いつもどこでも動き回ったり、叫んだりするような感じで、私の言うことをまったく聞いてくれないんです。歩けるようになったらなったで、今度は真夜中でも家から出て行ってしまう。注意しても、閉じ込めてもぜんぜんダメで、もう頭が変になりそうでした」

景子が夫と子育てのストレスから頭髪を抜きはじめたのはこの頃だった。体重も三十キロ台まで落ち込み、イライラして三日も四日も眠れないことがしょっちゅうだった。精神科で睡眠薬を処方してもらっても、寝ている間に息子がどこかへ行ってしまって警察から連絡が入るので、服用することさえできない。

そんな中、景子は再び妊娠をする。もうこれ以上子供は育てられない。彼女は人工中絶を決断。そして市の子育て支援センターへ駆け込んで助けを求めた。

「もう夫と暮らせません。DVに耐えられないし、子育てもできない。助けてください！」

最初は「もう少しがんばって」と言われて追い返されたが、もう一度駆け込んで「お金がなくてご飯も食べられない」と訴えたところ、ようやく保護してもらった。景子は長男とともに母子生活支援施設に入居することになったのである。

傷つけ合って暮らす親子二人

母子生活支援施設で暮らしていたのは三年だった。ここで、彼女は生活保護を申請し、施設の職員に手助けしてもらいながら子育てをした。支えてくれる人がいれば、それなりに生活を維持することはできた。

しかし、母子生活支援施設はあくまで一時的に身を寄せるところであり、ずっと住むことはできない。彼女は精神疾患が治らないまま、「市営住宅に当選した」という理由だけで施設を出されることになった。

東京郊外の市営住宅での親子二人での生活が幕を開けた。小六の息子は地元の小学校に転校したが、成長に伴ってＡＤＨＤの傾向がより高まっていた。外出する度に見知らぬ土地まで行ってしまって帰ってこられなくなったり、見知らぬ人とさしたる理由もなくぶつかってケンカになって呼び出されたりしたのだ。

息子も生きづらさを抱えて、自分でもどうしていいかわからなかったのだろう。中学に入ってから不登校になり、家に引きこもるようになった。そしてストレスから、家具を壊す、景子に飛びかかる、「何も食べない」と言って絶食をするなどした。

景子は語る。

「母子生活支援施設にいた頃から、こうした行動は度々起きていましたね。情緒が不安定だということで、小四で精神病院に措置入院されたこともあったんです。その頃は、暴れても体が小さいので大事に発展することはありませんでしたけど、中学になって私の身長を超えると、まったく手に負えません。暴れはじめたら、私の方が逃げ出すしかなくなってしまったんです」

息子はパニックになると、落ち着くまでしばらくかかる。そのため、景子は家から逃げ出すと数日は家に帰らなかった。漫画喫茶やファミレスを転々としたり、母子生活支援施設で知り合った人の家に転がり込んだりするのだ。

景子はこうした中で心の病をより深刻なものにしていった。特にパニック障害が激しくなり、少し遠出をした途端に自分がどこにいるのかわからなくなってしまう。電車に乗っていても同じことが起き、途中で頭が混乱して何をどうしていいかわからなくなってしまうのだ（本書のためのインタビューの際も、改札口が一つしかない駅で待ち合わせたにもかかわらず、彼女は「迷子」になった）。

精神科の医師からはこう言われた。

「息子さんを施設に預けるなりなんなりしてみてはどうでしょうか。まずはあなたの心の状態を落ち着けなければ、息子さんを支えることはできませんよ。それどころか、息子さんにもあなたにも悪い影響を与えることになります」

だが、景子は医師からの忠告を聞き流し、トラブルが起きてもかならず数日後には家にもどり、息子との生活をスタートさせた。今のままでは解決しないことがわかっていても、離れることができなかったのだ。

それについて景子は次のように説明する。

「なんだかんだ一人になるのが怖いんだと思います。息子には散々《さんざん》手を焼いてきていますが、彼がいるから私は一人ぼっちにならなくて済んでいるし、生活保護だって受けられているんです。もし息子がいなくなったら、そういう生活が全部壊れちゃう。生活保護が切られても、私には働くことはできない。そう考えると、大変なことはあるけど、やっぱり今のまま一緒にいた方がいいんだと思っているんです」

生活の面でも、精神的な面でも、景子は苦しみながらも息子といなければ自分はやっていけないと思っているのだ。

一方、息子の方も学校で人間関係を築けないことがわかっているため、なんだかんだ母親から離れることができずにいる。だからこそ、家で母親に当たり散らす一方で、落ち着けばまた母親を迎え入れているに違いない。

景子は言う。

「こういう生活が長引いても、どちらのためにもならないことはわかっているつもりです。息子だって自立できないし、私だって心をかき乱される。でも、どうすればいいって答えがない限り、このままでいるしかないんだと思います」

息子を育てることができない母親と、自分を抑制できない息子。この二人が離れられないままに、一つ屋根の下で傷つけ合っているのだ。

日本の社会には、問題を抱えた親や子を個々に支援する福祉制度はある。だが、お互いに依存してしまっている親子を無理やり引き離すのは簡単なことではない。この親子の共依存という関係は、それほどまで問題をややこしくしてしまっているのである。

ケース⑪ 知的障害の母親が育児困難になる場合

次は知的障害のある母親について考えていきたい。

本章の冒頭で述べたように、親に知的障害があったとしても、支援環境が整っていれば、育児困難に陥ることはない。だが、その環境がない人が、どうしても一定数出てくる。

ここで取り上げる梶川美由紀《かじかわみゆき》は、軽度の知的障害を持って生まれた。IQは六十台。背が低く、フワッとした雰囲気で、こちらが何かを質問しても眉間《みけん》にしわを寄せて相槌《あいづち》を打っているだけのような女性だ。

両親の意向で小学校、中学校は普通学級で学んだが、中学時代にいじめにあって不登校になったことから、卒業後は特別支援学校の高等部に入学した。就職先は、障害者を多く受け入れているクリーニング店だった。

その職場が、夫となる谷亮《たにりよう》との出会いの場所となった。亮はASD（自閉症スペクトラム障害）をわずらっていて、十三歳年上だった。二人は家が近所だったり、ゲームが趣味だったりしたことで、お互いの家を出入りするようになって恋に落ちた。

出会ってから五年目、美由紀が妊娠したことから、二人は結婚することを決めた。当初は両家の親が話し合って、生活の不安から人工中絶することも案として出したが、本人たちがどうしても子供を産みたいということだったので結婚を認めた。

誕生したのは女の子だった。初めのうち二人はそれぞれの実家に暮らしながら行き来をし、娘が一歳になって子育てに慣れてきてからアパートを借りて同居した。だが、夫婦だけではなかなか子育てを上手にやることができなかった。美由紀は離乳食づくりやおむつ替えを毎日継続的に行うことができなかった。夫の亮の方は、極度の潔癖症だったこともあって、お漏らしをしたりする赤ん坊を触ることができない。

美由紀の母親が見るに見かねてアパートにやってきては、娘の世話をするようになった。洗濯をし、着替えをさせ、熱を出した時は車で病院へつれて行った。気がつけば、育児だけでなく、生活の面倒までみるようになっていた。

そうした状況は二年ほどで一変する。美由紀の父親が脳梗塞で倒れ、母親がその介護に追われることになったのだ。さらに母親は心労からうつ病を発症させてしまった。

美由紀と亮は、支援者を失ったことで、育児から家事まですべてを自分たちでやらなければならなくなったが、容易なことではなかった。美由紀は懸命にやっているつもりでも、保育園の送り迎えを忘れたり、ご飯を何日も与えるのを忘れたりしてしまう。本人が無自覚なところで、育児放棄が起きたのである。

亮にとっても育児の負担は大きかった。美由紀が子育てに手を焼いていたことから、亮が代わりにすることが増え、精神的に追いつめられるようになった。パニックになって美由紀や娘に手を上げることもあった。

家庭の異変にいち早く気がついたのが、保育園だった。家庭訪問が行われた時、娘はかなりやせ細り、体中が垢《あか》だらけで、しゃべることさえできなかった。美由紀もDVによって全治二週間のケガを負っていた。

行政が介入したことで、美由紀と娘は亮と引き離され、母子生活支援施設で暮らすことになった。その後、勤め先の社長が話し合いに加わるなどして、最終的には二人は離婚することが決まった。

恐れていた事態

母子生活支援施設にいる間、美由紀は職員の支援を受けられるため、アパートで暮らしていた時にくらべてだいぶ落ち着くようになった。日常のことでも、子育てのことでも、困れば助けてくれる人がいる環境になって自分のペースを取りもどすことができるようになったのだろう。ただ、この頃には両親が立てつづけに亡くなっていて、施設を出た後の生活が大きな課題となっていた。

そんな中で、美由紀は新たな異性と恋をする。ビデオレンタル店で、精神疾患を抱えた男性と知り合ったのである。男性は無職。親が所有するアパートで一人暮らしをしていた。

美由紀は娘を施設に残して、彼のアパートに通い詰めるようになった。育児放棄同然の生活が幕を開けた。施設の職員が代わりに子供の面倒をみることになったが、いずれ独立しなければならないことを考えれば、このままにしておくわけにいかない。何度も注意したが、美由紀は理解できないのか、するつもりがないのか、まったく聞く耳を持たなかった。目先のことにとらわれて、先々を見通せないのだ。

ある日、職員が美由紀のお腹が大きくなっているのに気がついた。病院で検査を受けさせると、妊娠が発覚した。どうするのかと問われ、美由紀は答えた。

「産む。彼と結婚する」

職員が生活を安定させることが先決だと言っても、彼女は「産む」の一点張りだった。彼氏とも結婚の約束をしたのだという。そして施設の反対を押し切って、勝手に入籍してしまったのである。

施設側にとってはもっとも恐れていた事態だった。母子生活支援施設は、あくまで母子での入居が条件であり、父親が同居することは認められない。職員たちはやむを得ず、お産が終わって落ち着くまでは別々に暮らして、生活が軌道に乗ってから新居を探すよう説得した。美由紀はすんなりと同意した。

数カ月後、美由紀は第二子を出産したが、予期せぬことが起こった。新しく生まれた子に障害があったのだ。美由紀は育てるつもりだったが、第一子さえ育てられず、これから先の生活のめども立っていないのに、障害のある第二子を育てるのは容易ではない。話し合った末、第二子は乳児院に預け、まずは美由紀が新しい夫との生活を安定させた後に引き取るということに決めた。

ゴミ屋敷の親子

現在、美由紀は母子生活支援施設を出て、夫と娘と三人で暮らしている。障害のある二番目の子は施設に入ったままだ。

家庭の生活費は国からの支援によってまかなわれているが、支援者が介入しなければ再び育児放棄の状態になりかねないため、見守り対象となっている。私が母子生活支援施設の職員の紹介で美由紀に会いに行った時、二DKのアパートはゴミ屋敷となっていた。数日に一度支援者が訪問しているにもかかわらず、この状態なのだという。

同行してくれた職員は次のように述べた。

「上の娘さんは小学生になりましたが、両親が病気なので発達は同年代の子とくらべて遅れています。学校も休みがち。美由紀さんは、今も娘さんにご飯をあげなかったり、ほったらかしにしたりするので、私たちの方で気をつけなければならないのです」

この日、アパートには娘の姿もあったが、見知らぬ私が恐ろしいのか、部屋の隅で縮《ちぢ》こまるようにして隠れていた。気になったのが、娘の指が爛《ただ》れたようにボロボロになって血が滲《にじ》んでいたことだ。精神疾患の一つ「皮膚むしり症」なのだという。

職員は言った。

「このままでは娘さんの将来が心配なので、どこかの段階で施設に預けることを検討しなければならなくなるかもしれません。でも、美由紀さんも旦那さんも、心から娘さんのことを愛していますし、二番目の子を乳児院に預けているので、この子だけは手元に置いておきたいと言っています。私たちも強制的に引き離す権利は持っていませんので、どうするか悩ましいところなのです」

尊重されるべきは、両親の気持ちだろう。だが、この家庭環境では、子供に悪影響が出かねない。

親に知的障害があり、十分な支援体制がなかった場合、どこまで育児を任せるべきなのか。どこをラインにして介入するべきなのか。人によって障害の程度も、環境もまったくバラバラなので一様に決めるのが非常に難しい。

ただ、美由紀に関して言えば、きちんと見守ってくれる支援者がいるだけ、マシな環境にあると言えるのかもしれない。

ケース⑫ 聴覚障害者の孤立

身体障害者といっても、肢体《したい》不自由や視覚障害など様々な障害がある。聴覚障害もそのうちの一つだ。

日本には聴覚障害者は三十五万人前後いると言われている。現在は多くの人たちが幼い頃から聴覚だけに頼らないコミュニケーション力を身につけられるようになっているし、コンピューターの発達にともなってこれまで以上にコミュニケーションツールも増えてきている。少し前とくらべれば、社会進出の形は多様化しているといえるだろう。

ただし、聴覚障害者が大きなストレスを感じずに生きていくためには、それなりに環境が整っていて、本人の能力や心の余裕があることが必要になってくる。逆に言えば、本人に社会で生きていくだけの力があっても、状況の変化が生じることで、物事がうまくいかなくなることもある。

育児においても、それは同様だ。普段は乗り越えられることが、その時々のタイミングによってはそうでなくなり、彼らが抱えているハンディーが育児に悪影響を及ぼしてしまう。

そのようなケースを具体的に見ていきたい。

ママ友からの疎外感

矢永佳純《やながかすみ》は、生まれついての聴覚障害者だった。補聴器をつけてもほとんど音を判別することができず、手話か、読話《どくわ》と呼ばれる相手の口の動きを見て言っていることを理解する方法でコミュニケーションを取っていた。

佳純は特別支援学校を卒業後、言葉によるコミュニケーションが少ないホテルの清掃の仕事に就いた。結婚は二十四歳の時で、相手は特別支援学校時代の友人から紹介された一回り年上の男性だった。同じく難聴であり、船の乗組員の仕事をしていた。

結婚の翌年に、佳純は男の子を授かった。夫は一度船に乗ると長期間帰ってこないため、子育てはほぼ一人でしなければならなかった。

最初の一年は無我夢中だった。息子の夜泣きが聞こえないので、一時間おきに起きては異常がないかどうか様子を確かめた。ハイハイしはじめてからが大変だった。気がつかないうちにお風呂場に入って冷たい水でずぶ濡《ぬ》れになっていたり、コードを引っ張ってトースターを落としてケガをしたりしはじめた。

それでも佳純はめげずに子育てに励んだ。常に目の届くところに息子を置くようにし、体調を崩した時は医者と筆談でコミュニケーションを取って病状をつたえるなどした。夫婦ともに聴覚障害だったが、息子への遺伝はなかった。

佳純が育児の壁を感じるようになったのは、息子が歩きはじめるようになってからだった。運動のためと思って公園や児童館につれていっても、そこでママ友たちとコミュニケーションを取ることができず、疎外感を味わうことが多くなったのだ。

たとえば、息子が歩いていって女の子や小さな子を押し倒して泣かせてしまうことがあった。佳純は視界に入っていなければ泣き声が聞こえないので、何が起きたのか気がつかない。そうすると、他のママからは「うちの子を押して泣かせたのに知らん顔をして謝らない」とか「あの家はしつけがなっていない」などと見なされてしまう。

また、児童館で開かれる幼児用のイベントに参加しても、職員の説明がうまく理解できず、何度も説明を求めたり、ルールを勘違いしたりしてしまう。これによって、他の人たちの足を引っ張って白い目で見られることがあった。

外での対人関係がうまくいかなくなったことで、佳純は家に閉じこもるようになっていった。佳純のことを知る福祉関係者は語る。

「佳純さんは難聴で他のお母さん方と関係がうまくいかなかったことで、ちょっとした対人恐怖症みたいになってしまったようです。もともと特別支援学校に通っていたことから健常者との付き合いが少なかった上、周りのお母さん方も理解がない人が多かった。ママ友はグループになることで情報交換や助け合いをしますが、そこからはじき出されると待っているのは孤立です。旦那さんもほとんど家にいなかったので助けになってくれなかったのでしょう」

佳純は家に閉じこもり、毎日パソコンに向き合っていた。外出といえば、数日に一度近くのスーパーに買い物に行くくらいだった。

アイドルにハマってネグレクトに

この犠牲となったのが、幼い息子だった。息子には聴覚の障害はなかったが、母親との間に会話がなかった上に、家の外での付き合いが失われたことで、言語能力の成長が遅れていた。テレビの音も消されていたというので、言葉を聞く機会がほとんどなかったのだろう。

また、佳純と夫との関係にもひびが入りはじめていた。佳純は日常の鬱憤《うっぷん》が溜まっているので、夫の帰宅を待ち、夜ごとに自分一人で育児を担っている不満をぶつけた。夫からすれば、仕事のことは初めからわかっていたはずだという言い分があるために突っぱねる。顔を合わせればケンカになるため、夫は次第に家に寄りつかなくなり、仕事がない日は実家で寝泊まりするようになった。

さらに追い打ちをかけたのが、息子の保育園での不適応だった。一度は地元の保育園に入れたものの、すぐに行かなくなってしまったのだ。コミュニケーションを取ることに慣れておらず、周りとやっていけなかったのだろう。佳純は諦め、小学校入学まで息子を家に置いておくことにした。

息子は年齢が上がるにつれて、発育の遅れが目立つようになった。毎日親と会話をすることなく、室内でじっとしていればそうなるのは必然だ。佳純はこうした現実から目をそらすように、アイドルグループにのめり込んだ。毎日のようにグループのＤＶＤを見たり、ファンサイトにアクセスしたりしつづけていたのだ。

前出の福祉関係者は言う。

「アイドルグループは歌がメインですが、今のアイドルの見せ方はよくできていて、佳純さんのような難聴の方でも楽しめるようになっているんです。歌は聞こえなくても、画面に歌詞が出てきたり、ダンスが派手だったりするので、ビジュアルだけでも楽しめる。その上、いろんなグッズも発売されているし、交流会みたいなイベントもある。ファンのSNSでは書き込みによる参加なので難聴は関係ない。それでどんどんハマっていってしまって、ネグレクト状態になっていたようです」

佳純は地方のコンサートに出かけることもあった。そんな時は、お菓子や飲み物を置いて二日くらい息子を家に置き去りにする。息子は何をするでもなくじっと過ごしていたそうだ。

こうした状況が露見したのは、息子が小学校の入学を一年後に控えた頃だった。夫が離婚を決断し、両親とともに久々に家にやってきた。ドアを開けたところ、家の中はゴミ屋敷のようになっていて、息子が一人床《ゆか》に横になっていた。佳純は出かけていて不在だった。

夫の両親は久々に対面する孫に声をかけてみても、まったく反応を示さなかった。五歳なのにしゃべることができないのだ。父親が抱き上げても、誰かということさえわかっていない。

家につれ帰ってご飯を与えようとしたが、彼はスプーンやおはしの使い方も教わっていないらしく、手づかみで食べはじめた。夫がどういうふうに使用するのか教えても、泣くだけだ。

夫やその両親は、その反応に啞然《あぜん》とした。佳純は身の周りのことはきちんとするタイプだった。だが、引きこもってアイドルにのめり込むうちに、それをしようという意識を失ってしまったのだろう。

「孤立」させないために

夫は両親と相談して、息子を一時的に家に引き取ることにした。このままでは息子の人生がおかしくなると考えたのだ。

しかし、夫は船の仕事で不在がちだったし、両親も別の仕事をしていて十分に見てあげることができない。そこで佳純の実家とも話し合い、彼女に親元に帰ってもらって、そこで福祉の支援を受けながら両親とともに子育てをしてもらうことにした。

この支援に当たった人物は次のように語る。

「子供は長い間放っておかれてしまっていたので、言語を含めていろんな成長が遅れてしまいました。私たちも協力してなんとかこれまでの分を取り戻そうとしたのですが、時間的な限界もあって小学一年生でも二、三歳くらいの語彙《ごい》力しかつけられていません。ほとんど家から出ていなかったので体力もない。彼を他の子と同じくらいにまでするには、家族が積極的に言葉をかけたり、外へつれて行ったりしなければならないのですが、実家にいるとはいえ、一番長く接しているのは佳純さんなので、今も思うようにはできていないというのが現状です」

適切な育児をするには、佳純自身がもう一度社会に心を開いていき、社会の側も受け入れていく必要がある。それがまだ十分ではないのだ。

何度も念を押しておくが、すべての障害のある母親がこうした育児困難に陥るわけではない。立派に子育てをしている人はたくさんいる。しかし、状況によっては障害が育児の難しさに拍車をかけることになりかねないということだ。

先の福祉関係者によれば、別の身体障害を抱える親においても似たようなことがあったという。

「私の知っている例ですと、膝《ひざ》から下が麻痺して動かないお母さんがいました。小さなお子さんがいたのですが、車椅子なので、外へつれて行くことが難しかったんです。旦那さんとは産後間もなく離婚してしまっていて、実家ともあまり関係がよくなかったので、身近な支援者もいなかった。

私たちの間では見守り対象となっていましたが、彼女自身があれこれ言われるのが苦手らしく、ちゃんとした信頼関係を築けませんでした。こっちが何かをしようとしても常に拒否される感じです。そうこうしているうちに、お子さんもお母さん同様に引きこもりがちになってしまって、小学校に上がっても不登校になってしまいました。

どうすればよかったんだろうと話し合いもしましたけど、障害のあるなしじゃなく、お母さん方を孤立させないようにすることが一番なんだと思います。障害のある方については、健常者よりは行政なんかにつながっているわけですから、そこのパイプをよりしっかりとして支援につなげていく必要があると考えています」

聴覚障害者の中には、社会で活躍して自立した生活をしている人も多い。だからこそ、そこまで手厚い支援が必要ないと考えられたり、本人も積極的につながろうとしなかったりするケースもあるが、育児が加われば状況が大きく変わることもある。臨機応変の対応が必要ということなのだろう。

ケース⑬　薬の服用を禁じられて

発達障害がある人の割合は、十五人に一人と言われている。小中学校で一クラスに二人くらいの計算だ。

これまでも発達障害の一つであるＡＤＨＤについては触れてきた。注意欠陥、多動性、衝動性といった特性から周囲と適切な関係が築けなかったり、何かに取り組む際に支障が出てきたりするのだ。一つのことに集中力がつづかない、物事を順序だてて行うことができない、思ったことを即座に行ってしまう……。そうしたことが、どうしても社会で生きる足かせになってしまうことがある。

ＡＤＨＤの症状は人によって異なるが、激しいいら立ちに駆られて日常生活に支障が出てしまうようなケースでは、薬の服用によって症状を緩和させることもある。完治するわけではないにしても、一時的に心を落ち着ける作用が期待できる。

これから紹介するのは、薬によって症状を抑えながら、なんとか日常生活を営《いとな》んでいた人の話である。

ADHDの診断

折口明奈《おりぐちあきな》は、小学生の時にADHDであると診断された。

何年か前から、明奈は原因不明のいら立ちに襲われることがあった。突然体内から激しい憤《いきどお》りがこみ上げてきて、いてもたってもいられなくなるのだ。

一度そうなると時と場所を選ばずに衝動的な行動に出るのが常で、教室で授業を受けている時に突然暴れだしたり、ご飯を食べている時に食事をひっくり返したりした。

こうした症状は、学年が上がるにつれてひどくなり、体が大きくなってからは、同級生にケガをさせたこともあった。

両親は明奈の粗暴な行動に手を焼き、精神科医の診察を受けさせたところ、ADHDの診断が下された。医師は薬を処方して言った。

「この薬には心を落ち着ける効果があります。思春期は精神的にも不安定になりがちなので、毎日きちんと服用させてください」

薬を飲みはじめると、明奈は自分でも驚くほど心が穏やかになった。これまでのようないら立ちに襲われることもなく、安定した精神状態がつづいた。以来、明奈は薬のおかげで中学、高校と大きな問題を起こさずに過ごすことができた。

高校を卒業した後、明奈は実家に暮らしながら地元にあるメーカーの工場で働きはじめた。だが、わずか一年の間に、立てつづけに身内に不幸が起こる。父親と母親が相次いで他界したのである。

明奈は実家を手放し、当時付き合っていた四歳年上の夏雄《なつお》と結婚し、彼の実家に住むことになった。短期間で次々と家族を亡くしたことで、家族を求める気持ちが膨らんだのだそうだ。

出産半年後の事件

こうして明奈は夏雄の実家で新婚生活を送ることになった。家には夏雄の祖母も暮らしており、隣には叔父一家の家もあった。明奈にしてみれば、いきなり大家族の中に放り込まれたようなものだっただろう。

夏雄は物静かで、親族の目を非常に気にしてばかりいた。高校を中退した後に親族に拾ってもらう形で祖父と叔父が経営する会社で働かせてもらっていたこともあったからかもしれない。

明奈は結婚してからも病院にも通ってＡＤＨＤの薬の服用をしていた。何度か薬の服用を止めてみたことがあったのだが、どうしても体調が良くならず、また服用を再開していたのである。

ある日、義母に呼ばれて明奈はこう言われた。

「明奈さん、あなた病院に通っているわよね。うちの親戚は地元で会社を経営して、いろんなところにつながりがあるの。もし心を病んでいるなんて思われたら、おじいちゃんやおばあちゃん、それに叔父さんの顔に泥を塗ることになるし、会社の経営にもかかわってくる。みんなも、そのことに不満を募《つの》らせているから、もう病院へは行かないで」

世間体を気にして、明奈に通院と薬の服用を禁じたのである。

明奈は言われた通りに病院へ行くのを止めて間もなく、妊娠が判明した。その翌年、元気な男の子を出産した。

出産してしばらく、明奈の精神状態は落ち着いていた。子供にかかりきりだったのに加えて、ホルモンバランスの変化もあって自分に目が向かなかったこともあったかもしれない。だが、出産から半年ほど経ってから、急激に体調の変化を感じるようになった。まるで雷が落ちたように衝動的な行動をとらずにいられなくなったのだ。

明奈はその状態になると、何もかもが気に入らなくなり、食器を壊したり、近くにいる夏雄に食ってかかったりした。夫は大人しい性格だったことから、特に反撃することなく黙っていた。

だが、それが大きな事態を引き起こした。ある日、明奈は服をハンガーにかけなかったという理由で夏雄を突き飛ばした。夏雄は不意を突かれてよろめき、窓ガラスに後頭部から突っ込んで大ケガをした。

この出来事は、救急車が呼ばれたことで、近所にも知られることとなった。義親を含む親族会議が行われ、明奈は激しく叱責された。ここでは何かが起これば、親族会議で解決するというのが習わしだったのである。

幼い子供に向かう激情

明奈は、その日から親族の目をこれまで以上に気にするようになった。再び大騒ぎを起こせば、家を追い出されるのではないかと考えたのだ。

しかし、薬の服用を止めたことで、明奈は衝動的な感情を抑えることができなくなっていた。彼女は夏雄ではなく、だんだんと幼い息子に手を上げるようになった。物言わぬ息子なら騒ぎにはならないと考えたのかもしれない。彼女は感情が昂《たかぶ》る度に、布団叩きや料理用のお玉で力いっぱい殴りつけた。

明奈に虐待をしているという自覚はなかったが、周りの受け取り方は別だ。ある日、明奈がアルミホイルのケースで息子を叩いた際に、ギザギザのカッターが片目を傷つけてしまった。失明は免《まぬが》れたが、病院の医師が息子の体にアザがついているのに気づき、虐待が露見した。

再び親族会議が開かれた。話し合いによって出された結論は次のようなものだった。

「うちに精神病の嫁はいりません。幼い子供に対して暴力をふるうなんてもってのほか。今すぐ、親権を手放して出ていきなさい」

これに待ったをかけたのが夏雄だった。夏雄は、明奈のことを深く愛していた。彼は珍しく親族会議で出されたことに反論した。

「明奈と離婚したくない。彼女の心が落ち着くまで待ってあげればいいじゃないか。そのためなら、僕が育児をやったっていい」

夏雄の強い意志を感じ、親族は再び話し合いをはじめた。ただ、夏雄が働きながら子育てをするのは現実的ではない。そこで、他県に暮らす別の親戚のもとに子供を預け、明奈の回復を待つことにした。元通りになれば、子供を引き取って前のように暮らすという約束をしたのである。

それから約一年が経った。

明奈は離婚せずに夏雄の実家に住んでいるものの、息子は未《いま》だに他県の親戚のところに預けられたままだ。親族が病院への通院を認めなかったことから、明奈がまだ心の安定を取りもどせていないのだ。以前とくらべれば落ち着きつつあるものの、数日に一度は夫とぶつかっているという。

明奈の言葉である。

「薬を飲めば落ち着くことはわかっているんですけど、今はそれに頼るより、自分で治さなきゃって思っています。息子がいなくなってから、また夫に当たり散らすようになってしまいましたけど、夫はやさしいので何も言いません。しばらくは、夫に甘えてこの状態をつづけるしかないのかな」

そうは言うものの、明奈は果たして薬に頼らずに心を安定させられる確信はなかった。

息子とは離れ離れになってから一度も会っていないが、写真は定期的に送ってもらっているという。

このケースからわかるのは、当初、明奈は薬によってＡＤＨＤの症状をある程度コントロールできていたということだ。だが、両親が亡くなり、結婚して生活環境がガラリと変わった時、周囲の人々は明奈の抱えるＡＤＨＤにも、その治療方法についても、理解を示そうとしなかった。それゆえ、明奈は出産後に症状を悪化させてしまい、子育てができなくなってしまった。

発達障害は、昔にくらべれば広く認知されつつある。だが、実際のところは、なかなか細かな特性や改善方法までは理解されていないし、祖父母の世代になればなおさらなのだろう。そうした無理解が母親を追いつめることになる。

世間では子供の発達障害や、会社の同僚の発達障害についてスポットライトが当たることは増えてきても、子育てをする親に向くことはあまりない。もう少し広く考えていく必要があるだろう。

ケース⑭ 感覚過敏という症状

前項で、発達障害のADHDについてみてきた。発達障害には他にASD（自閉症スペクトラム、アスペルガー症候群）やLD（学習障害）があることは知られているが、症状の一つに「感覚過敏」「感覚鈍麻《どんま》」があることを知る人は決して多くない。

感覚過敏とは、聴覚や視覚といった感覚が普通の人以上に過敏であり、必要以上の情報が入ってきて混乱してしまう状態だ。

たとえば、私たちはお祭りのやかましい場所にいても、音に対してさほど気にならない。いろんな人がしゃべっていたり、多様な音が鳴っていたりしても、耳が無意識のうちに必要な情報とそうでない情報を切り分けるからだ。だからこそ、祭りの会場であっても、人と話をしながら盆踊りをすることができる。

しかし、感覚過敏だと、すべての音が同じように一遍に耳に入ってくる。太鼓の音も、盆踊りの音楽も、足音も、百人以上の声も、同じようなボリュームで聞こえてしまうのだ。必要な音の切り分けができないのだ。こうなると、その人は何をどう聞き取っていいのかわからずにパニックになってしまう。

これは聴覚における感覚過敏だが、視覚や嗅覚《きゅうかく》といったものにも同様のことが起こり得る。視覚であればお祭りの会場のライトが目を開けていられないくらいまぶしく見えてしまったり、嗅覚であればゴミ箱から漂《ただよ》う臭いが耐えられないくらいの悪臭に感じられて吐いてしまったりする。逆に、感覚鈍麻の方は、感覚が普通の人以上に鈍《にぶ》く、音や光や臭いを感じられなかったりする。

こうした特性を持つ人は、当然のことながら日常生活に生きづらさを感じることになる。幼少期の頃にきちんとそうした症状があると診断され、それなりの対処を受けていればいいが、そうでなければ本人も気がつかないうちに生活をかき乱されてしまうことになりかねない。

ここでは聴覚と嗅覚における感覚過敏が、育児を困難なものにした事例について考えてみたい。

・聴覚過敏――息子の泣き声に耐えられず

谷村希子《たにむらきこ》は、幼い頃から「落ち着かない子」というふうに見られていた。勝手にどこかへ行ってしまったり、ずっと自分の話ばかりしたりして、家族からも友達からも冷たい目で見られることが多かった。

学校ではその性格のせいで友達がほとんどいなかったが、成績は優秀だった。地元でもレベルの高い高校へ進み、国立大学への進学も果たした。

大学卒業後、希子は地元の金融機関に就職した。だが、生来の多動的な特性のせいで、上司や同僚とうまくいかず、わずか一年半で転職。次に勤めた企業も一年しかもたず、資格を取って公務員に。しかし、そこも二年で退職することになった。

彼女は言う。

「私が自分が発達障害だと気づいたのは、二十代の半ばを過ぎてからでした。その頃まで人間関係がうまくいかなくて、生きづらさを感じていましたが、なぜなのかはわからなかった。単に、うまくいかないな、息苦しいな、なんでなのかな、という気持ちだったんです。うつ病にも何度かなって、精神科を受診した際に、先生から発達障害があるんじゃないかって指摘されたんです」

三十歳を前にして、希子は当時付き合っていた恋人と結婚をした。社会人として第一線に立ちつづけることに限界を感じ、子供をつくってしばらくゆっくりしたいと思っていた。

願っていた通り、希子は結婚して間もなく息子を授かった。だが、出産後すぐ交通事故に遭《あ》ったことで体調に異変が生じてしまう。これまでもずっと「音」に悩まされてきたことがあったのだが、それがより顕著《けんちょ》になったのだ。

希子をもっとも悩ませたのは、息子のお腹が空《す》いたり、眠くなったりする時に発する泣き声だった。息子はもともと泣き声が大きかったが、成長するにつれてさらに大きくなっていき、それがキンキンとした金属音のように頭に鳴り響いて耐えられなくなるのだ。

彼女は語る。

「今までも音に対する悩みはありました。でも、その場を離れたり、耳をふさいだりしていれば自然と治《おさ》まったんです。睡眠や勉強の際は、耳栓をつけていれば何とかなりました。でも、出産が原因なのか、交通事故が原因なのかわからないのですが、息子を産んでからはそれがひどくなったんです。息子の泣き声が聞こえると、頭から内臓まで体の中がグチャグチャにかき回されるみたいな感じになって、家の中にいられなくなった。お医者さんにも行きました。感覚過敏の話は聞きましたが、具体的にこうすれば治るという方法はないと言われました」

希子は泣き声に耐えられず、おだててみたり、叱ってみたりと考えつくかぎりの対処をしたが、息子が思い通りになることはなかった。

希子はそんな子供に対して恐怖心を抱くようになった。いつ泣きはじめるのかと不安になり、ベビーベッドに近寄ったり、おんぶしたりすることができなくなった。やがて希子は、泣き声から離れるため、夫に内緒で息子を家に残して外出するようになった。日中ずっと図書館に閉じこもっていたり、外を歩き回ったりして、日が沈んでから帰宅するのだ。

このことが露見したのは夏の日だった。家に帰ったところ、エアコンをつけ忘れていたために息子が極度の脱水症状になってしまっていたのだ。あわてて病院へつれていったが、症状が重く緊急入院することになった。夫は、希子が子供を残して外出していたことを知り、育児放棄だと強い口調で批判した。

希子は言う。

「感覚過敏のことを打ち明けたんですが、夫からは『病気なら早く薬を飲んで治せ』としか言われませんでした。そういうものじゃないって言っても聞いてくれない。さらに、病院からは息子の泣き声のせいでうつ病がひどくなっているとの診断も受けました。このままだと、自分がどんどん壊れていく怖さがあった。かといって、働いている夫に育児を頼むわけにいきませんよね。それで行政とも相談して、感覚過敏はともかく、うつ病が落ち着くまでは一時的に施設に子供を預けるという結論になったんです」

息子を預けてから半年が経ったが、希子はうつ病の治療をしている最中で、引き取りの見込みは立っていない。

・嗅覚過敏──「オシメを替えろ」と怒る夫

佐々木珠美《ささきたまみ》は、幼い頃から男勝りの女の子だった。高校を中退した後は、新聞配達、解体業、セメント会社といった肉体労働の職を転々とした。父親が建設業だったこともあって、作業服を着て行う肉体労働に憧《あこが》れがあったのだそうだ。

二十二歳の時、そんな珠美は仕事先で知り合った祐作《ゆうさく》と結婚した。いわゆる、「デキ婚」だった。祐作は十一歳年上だったが、仕事に熱心で倹約家だった。何より、珠美のことを大切にしてくれた。

ところが、一緒に暮らしはじめて祐作の特異な性格が明らかになった。こだわりが異常につよい上、少しでも思い通りにならないとパニックになる。たとえば、彼が並べた衣服を別のところにどかしたり、日常のルーティーンを邪魔したりすると、別人のように怒りはじめるのだ。彼がＡＳＤだということは聞いていたが、初めて密に接したこともあって驚きの連続だった。

それでも珠美は祐作のことを思いやり、彼のペースに合わせることでうまくやっていこうとした。彼が大事にしていることを守ってあげさえすれば、ぶつかることはなかったからだ。

だが、息子を出産してから事情が一変した。珠美は子育てで手一杯になったことから、何もかも祐作に合わせることが難しくなったのだ。さらに、もう一つ問題があった。祐作が、息子の排泄《はいせつ》物を気にするようになったのである。

珠美は言う。

「息子が生まれた後、旦那がすごく執着したのが臭いでした。子供って知らないうちに漏らすじゃないですか。ちょっと臭うかな、と思ってオシメを見て片づけますよね。でも、彼は動物みたいに臭いに敏感で、少しでも臭いがすると怒り出すんです。寝ていても、臭いに気づいて飛び起きて、『臭い！　オシメを替えろ！』と言いだす。使用済みのオシメをゴミの日まで家に置いておくことも許してもらえなくて、すぐに処分しなければならないんです。それで私は一日に何度も近くのホームセンターまで車で行ってゴミ箱に捨てていました。明け方にそれをやらされることもありました」

これは祐作が持つ嗅覚過敏のせいだった。普通の人以上に、排泄物の臭いを感じてしまい、その悪臭に耐えられなくなったのである。

だが、珠美にしても初めての子育ての中で、夫の求めることを完璧にこなせるわけではない。特に出産から半年後に仕事に復帰してからは、そうだった。仕事と育児を両立させるだけでも大変なのに、ようやく寝られたと思ったら叩き起こされて「お漏らししているから、オシメをホームセンターまで捨ててこい！」と言われるのだ。受け入れろというのが酷《こく》だろう。

一方の祐作も理屈とは別のところで苦痛を感じていた。臭いをあまりにつよく感じるため自分で片付けることもできず、彼自身も翌日は仕事があるのに熟睡することもできない。自分でもどうしていいかわからずに頭をかきむしって家を飛び出したことも一度や二度ではなかった。

祐作は生活を乱されたことで自分のペースが維持できなくなり、いろんなところで人とぶつかるようになった。勤め先の同僚と怒鳴り合いのケンカをしたり、駐輪場の管理人を突き飛ばしたり、これまでは考えつかなかった騒ぎを立て続けに起こした。そしてついに、彼は勤め先の上司を殴って、解雇されることとなったのだ。

この一件の後、夫婦で今後のことについての話し合いが行われた。珠美は、祐作が今の生活に耐えられないなら、別居するべきだと考えていた。だが、自分は契約社員であり、祐作は失業中だ。生活費のことを考えると、現実的ではない。何より、珠美と祐作の心はまだ切れていなかった。

珠美は言う。

「いろいろと話し合って、息子を祖父母に預けることにしました。平日は私と祐作二人で暮らして、土日だけ私が祖父母のところへ行って息子の面倒を見ることにしたのです。これからどうするかはまだ考えていません。息子が三歳、四歳になれば、排泄物の問題はなくなるかもしれませんが、別の問題が出るかもしれません。その時は、状況に応じて対応するしかないと思っています」

それでも二人にとって息子から距離を置き、土日だけ会って解決の道筋を探っていくことは賢明な判断だと言えるかもしれない。

息子を預けて九カ月になるが、二人での生活はそこそこうまくいっているという。

発達障害における感覚過敏の二つの例を見てきた。

共通するのは、どちらの夫婦も、子供がいない時には、なんとか生活を維持できていたことだろう。本人に自覚があり、パートナーに一定の理解があれば、多少の生きづらさはあるにせよ、やっていくことはできるのだ。

ところが、子供が生まれると、そのバランスが崩れてしまう。そこで感覚過敏の問題が一気に表出し、それが育児困難につながっていく。場合によっては、それが虐待にまで発展することもある。

生きづらさを抱える人々にとって、育児は決して容易なものではない。それを発達障害という視点から考えようとする時、感覚過敏、感覚鈍麻がどのような困難を生むのかについて、もっと知っておく必要があるだろう。

第五章　ポイズン

子を追いつめる親

ある夫婦にとって、親の存在が育児の負担となることがある。

親の借金を肩代わりすることで生活が成り立たなくなる、親の介護が必要で共働きができなくなる、親が事件を起こしたことで地域で差別を受けることになる……。

人生には、この種のトラブルは常に起こり得る。一般的には、こうしたことがあっても、大概の夫婦は手を取り合ったり、第三者の支援を受けたりすることによって、子育ての環境を整えていくものだ。親にしたって、できれば迷惑をかけたくないという気持ちがあるから、子供たちに及ぶ被害を最低限で食い止める努力もする。

しかし、親の中には、偶然ではなく、恣意《しい》的に子供を追いつめようとする者がいる。親が自分の利益を最優先して、子供を利用しようとすることがあるのだ。子供から搾取しようとしたり、自己満足のために利用しようとしたりするのである。こうした親は、子供を人格のある人間と認めておらず、自分にとって利用価値のあるモノとしか考えていない。

こうした親の下《もと》で育った人たちは、長らく支配・被支配の関係にあったことから、劣悪な状況から逃れられないことがしばしばある。長期間にわたって搾取され、いいように利用され、生活が破綻していくのだ。そのしわ寄せは、もっとも弱い立場の幼い子供にくる。
こうした親を巷《ちまた》では「ポイズン」、すなわち「毒」と表す。

ケース⑮ 毒親の支配

親は、子供を守って育てる養育者であるはずだ。だが、その親が、子供にとって毒のような害を与えるだけの存在であることもある。そういう親のことを「毒親」と呼ぶ。

精神科医の斎藤《さいとう》学《さとる》によれば、毒親は次の四つのタイプに分類される（「毒親と子どもたち」日立財団『みらい』VOL.2）。
1、**過干渉、統制型の親**～子供を支配して干渉してくる親。
2、**無視親**～子供の存在を忘れたかのようにネグレクトをする親。
3、**ケダモノのような親**～身体的虐待、性的虐待を日常的に行う親。
4、**病気の親**～統合失調症、双極《そうきょく》性障害などの精神障害がある親。
このように、毒親は虐待をするなど直接の加害行為をすることもあるが、子供を支配下に置いて利用したりする人も少なくない。金儲けの道具にしたり、ストレス発散の相手にしたり、自分が嫌だと思うことをやらせたりする。いわば、子供を奴隷のようなものと見なしてコントロールするのだ。むろん、どれか一つというより、たとえば1、2、3が混合しているタイプの毒親も存在する。

一般的には、こうした毒親の元で育った子供も、十代の終わりになれば社会的に自立することができるので、家庭から逃れることができると考えられがちだ。だが、彼らの中には、長い間支配下に置かれたことで心まで支配されてしまっている人も少なくない。あるいは、家から逃げ出しても、どこまでも追いかけられることもある。そんな子供たちは成人になった後もずっといいように利用される。

子供を育てられない親の中にも、もともと毒親の元で育った者もいる。彼らは親になった後も毒親に支配されつづけることで、まっとうな子育てができなくなるのだ。これもまた、「負の連鎖」と呼べるのかもしれない。

母親はシャブの売人《ばいにん》

松中陽子《まつなかようこ》は覚醒剤《かくせいざい》の密売で生計を立てていた。いわゆる〝シャブの売人〟である。

彼女は中学生の頃から暴走族の先輩と付き合うようになり、そこで知り合った暴力団員から覚醒剤を教えてもらったそうだ。以来地元の暴力団から覚醒剤を卸《おろ》してもらい、それを知人のネットワークをつかって売るということをつづけてきた。

陽子が娘を出産したのは二十歳の時だった。この子が、亜津沙《あづさ》だった。相手の男性は当時付き合っていた暴力団員だったが、産後数カ月で別の女性と浮気して家に寄りつかなくなってしまった。陽子は何度か養育費を請求したが、完全に無視され、売人として生計を立てながらシングルマザーとして生きていくことにした。

陽子は幼い亜津沙がいたこともあって自宅で覚醒剤を売っていた。家には昼夜の区別なく、いろんな人たちがやってきて覚醒剤を買い、時にはその場で注射を打つこともあった。家の棚には注射器入りの箱がいくつも並べられていた。

陽子は、亜津沙が子供の頃に二度逮捕されている。最初は二歳の時、次が五歳の時だったそうだ。一回目は起訴を免れたが、二回目は数年間刑務所に入っていたらしい。その間、亜津沙は祖父母の家に預けられていた。

刑務所から出所した後、亜津沙は陽子に引き取られたが、そこで待っていたのは過酷な生活だった。陽子はまたすぐに覚醒剤に手を出し、毎日のように刺青《いれずみ》だらけの客を呼び込んだのだ。

陽子は一日の大半を覚醒剤をやっていて、亜津沙を言いなりにしようとした。口答えを一切許さず、命令にはすべて従うことを強要した。掃除や買い物はもちろん、アルミ缶に覚醒剤を隠す手伝いまでさせていた。そして少しでも思い通りにならないと、マシンガンのような口調でがなり立てた。

亜津沙にとって母親は怖いだけの存在だった。なにせ正気ではないのだから、子供にとってはケダモノのような存在でしかなかっただろう。声をかけられるだけで足がすくみ、何事にも「はい」と言いなりになる。自分の意見を言うことは暴力をふるわれることを意味している。そのため、気がついた時には完璧なイエスマンになっていた。

亜津沙は言う。

「お母さんからは、あれしろこれしろって命令されてました。私が言うことを聞かないと、お母さんは家に出入りしていた怖い男の人たちに告げ口するんです。『この子、言うこと聞かないからやっちゃって』って。それでボコられるんです。だから、お母さんの言うことは絶対でした」

家の環境が変わったのは、陽子が倒れたことだった。突然病院に運び込まれ、帰ってきた時には左半身が麻痺して不自由になっていたという。

　これをきっかけに、陽子は思うように密売ができなくなり、一気に貧しくなっていく。おそらく暴力団員や客らとの付き合いが薄れていったのだろう。陽子は生活保護を受けていたが、その金の大半を覚醒剤につかってしまうため、毎日の食事にも困る状態だった。陽子は体が不自由になったことで、これまで以上に亜津沙をこきつかうようになった。自分は家から一歩も出ず、日常の細かなことまですべて彼女に命じた。

　彼女はそれに服従する一方で、ご飯代をくれとは言えずに空腹に苦しんだ。ほとんど毎日のようにスーパーの試食品コーナーを回ったり、コンビニのゴミ箱から賞味期限切れのおにぎりなどを拾って食べたりしていた。学校の給食室からパンを盗んで見つかったこともあった。

　それくらい、彼女にとって母親は恐ろしい存在だった。


お母さんがそうしろと言うなら……

　中学卒業後、亜津沙は高校へは進学しなかった。陽子から「うちには高校へ行く金なんてない」と言われたので受験もしなかったという。陽子は、そんな亜津沙を知り合いがママを務めるスナックへつれていき、働かせた。

陽子はこう言った。

「あんたは十五歳だから本当はスナックで働いちゃダメなの。だから、お給料は私が代わりに受け取るから」

初めから彼女は娘を金儲けに利用するつもりだったのだろう。給料がいくらかも知らされず、陽子はママから毎月金を受け取り、「生活費」として一日五百円×三十日の計算で毎月一万五千円を娘に渡しただけで、九割以上は自分の懐《ふところ》に入れた。むろん、それらの大半は覚醒剤に消えた。

これでは亜津沙は陽子の奴隷である。なぜそんな条件で働くことを受け入れたのか。彼女はその理由を次のように語る。

「お母さんは、私にとって唯一の家族です。それに病気で体も悪いし……。逆らったら、怖いっていうのもありました。体が悪くなってからは男の人たちがあまり来なくなったので、お母さんは私を怒る時に包丁を投げてくるようになった。だから、言うことを聞かないと、お母さんを殺人者にさせちゃうなって思ってました……。それでお母さんがそうしろって言うなら、そうするしかないなって思ったんです」

母親の前では思考が停止してしまうに違いない。陽子が唯一の家族であることは事実だが、それが絶対服従する理由ではないだろう。おそらく亜津沙は幼少期から支配下に置かれたことで自分の意志を持つことを止め、十五歳を超えてもそこから逃げるという選択肢を持てなくなっていたのではないか。

亜津沙は毎日昼の十一時くらいに起きて掃除や買い出しをして昼過ぎにご飯を用意する。夕方からはお店に出て、ママの代わりに掃除や仕入れをし、午前二時過ぎまで仕事。さらに客とのアフターに付き合って明け方に帰るという日々だった。

この頃の亜津沙にとって唯一の気晴らしは、酒を飲んで酔っ払うことだった。未成年だったが、お酒を飲むのは好きだった。若かったので、客からかわいがられることが嬉しいという気持ちもあっただろう。何より、客につれ回されている時だけは、母親や店のママの支配下から解き放たれる。

スナックで働きはじめてから二年、亜津沙は客との間に子供を身ごもった。その客は妻子持ちで、何度か会っただけだった。この頃にはアフターに誘われればついていくようなことをしていたため、異性関係も豊富だったのだろう。亜津沙はその客にSNSのメッセージで妊娠をつげたところ、そのまま音信不通になってしまった。住所や勤め先を知らなかったため、連絡の手段がなくなってしまった。

妊娠十四週になって亜津沙は陽子に打ち明け、相談した。給料を奪われていたため、人工中絶するにもお金がなかったのである。

陽子は冷たく言い放った。

「十四週なら初期中絶ダメじゃん。中期中絶は三十万以上するんだよ。バッカじゃねぇの。あんたの責任なんだから、母親になんてすがりついてねえで、自分で何とかしろよ」

そんなふうに言われても、お金のない亜津沙には解決する術《すべ》はなかった。かといって、これ以上同じことを頼めば、怒られて包丁を投げつけられるに決まっている。

どうしよう。そんなふうに戸惑っているうちに、中期中絶が可能な時期も過ぎてしまった。そして彼女は子供を産むしかなくなったのである。

病院の分娩室で生まれたのは女の子だった。産後、亜津沙はソーシャルワーカーと話し合い、母親の暮らす家を離れてアパートを借り、生活保護を受給しながら娘を育てることにした。ソーシャルワーカーも家庭環境を知り、切り離した方がいいと判断したのだろう。

アパートを借りてすぐ、亜津沙は陽子からの電話で実家に呼び出された。娘を抱いて実家を訪れると、陽子からこう言われた。

「これから私が赤ん坊を預かるから、亜津沙はスナックにもどって仕事をしな」

亜津沙が働かなければ、自分が奪っていた分のお金がなくなると考えていたのだ。さらに陽子はこうつづけた。

「それと、あんたの預金通帳は私が預かる。どうせ生活保護費をもらったってお金の計算できないでしょ。必要な分は、月々私が渡すから。いいね！」

陽子は赤ん坊を人質にとるような形で、亜津沙からスナックの給料と生活保護費を奪い取ったのである。むろん、市にはスナックの仕事を再開したことは秘密にして生活保護の一部をだまし取っていた。

亜津沙はこの時の心境を語る。

「だって、お母さんに言われたから……。お母さんには今までお世話になっていたし、そうしろって言われて断る理由もないし……。赤ちゃんを育てるのは大変だから、それをやってくれるっていうお母さんには感謝してました」

ここにおいても、亜津沙のひたすら従属的な姿勢を垣間見《かいまみ》ることができる。彼女にとって「お母さんに言われたから」というのは絶対であり、逆らうという選択肢はないのだろう。

子供を置き去りの日常

産後一カ月も経たないうちに、亜津沙は娘を実家に預け、スナックの仕事を再開した。亜津沙は娘と離れ離れになることを特に悲しいと思うことはなかったようだ。そもそも望んで産んだ子供ではなかったというのもあるのだろう。子育てをせずに、スナックでお酒を飲める仕事にもどれるのならラッキーくらいに考えていたようだ。

スナックにもどってしばらくすると、亜津沙には恋人もできた。最初は店によく来る常連だった。妻子持ちのセックスフレンドのような関係だったが、父親が経営する会社で働いていたこともあって羽振りが良く、恋人のように扱ってくれた。店が休みの日にはデートにつれていってもらえたし、記念日にはブランドもののプレゼントも贈ってもらえた。

亜津沙はその男性と定期的に会って愛欲に溺れることで、日常の都合の悪いことから目をそらしていた。シングルマザーであること、子供の将来のこと、金銭を母親に搾取されていることなど、何もかも頭の片隅に追いやっていたのである。

こうした日々を過ごすにつれ、亜津沙は娘のことを思い出す機会が減っていった。だが、陽子が子供を預かったところで適切な育児をするわけもなかった。

ある日、アパートに児童相談所の職員がやってきた。彼女はこう言った。

「あなたはお母さんに娘さんを預けているんですか。あなたのお母さんが娘さんを虐待しているという通報がありました」

「なぜお母さんに娘さんを預けているんですか」

同じアパートの住人が、陽子が娘を育児放棄しているのを見つけて通報したらしい。

「そ、それは……」

生活保護を受けながらバイトをしているとは言えなかった。児童相談所の職員は次のように言った。

「きちんと娘さんを自分の手で育ててください。それができないようなら、うちの方で保護することになります」

こうして、亜津沙は娘を引き取って育てることになった。

だが、アパートでの娘との暮らしはうまくいかなかった。スナックの給料と生活保護費が陽子に取られたままだったので、子育てに必要なお金がなかったのである。これまで足りない食費分はスナックのお菓子やアフターでごまかし、水道代の節約のため店のトイレで用を足していたが、娘に同じことを強いるわけにはいかない。おむつ代だって、ミルク代だってかかるのだ。

掛け合ったところで、陽子が月々くれるお金を増額してくれるはずはない。亜津沙はそう考え、スナック以外にもう一つアルバイトをしてお金を稼ぐことを決めた。昼前から出勤の夕方までチラシ配りをはじめたのだ。午前十一時くらいから三時過ぎまでポスティングをし、そこから明け方までスナックで働く。寝ている時間以外は、娘を家に置きっぱなしにした。

亜津沙は次のように語る。

「アパートに一人にさせるのは申し訳ないと思っていましたけど、生活のためには仕方ないですよね。ご飯を食べさせたり、電気や水道代を払ったりしなければならないし。

娘と出かけるのとかは月に一度くらいでした。娘がちっちゃい頃からお母さんに預かってもらっていたので、どうやって遊べばいいかよくわかりませんでした。娘の方もつまらなそうにしていた。だから、遊ぶのも苦痛でした」

彼女は娘との愛着関係を長い間築いてこなかったし、これからの人生においても娘がいることはマイナスにしかならないと考えていた。それゆえ、愛情を抱いて育てるということとにならなかったのだろう。

　しかし、こうした家庭の状態は、育児放棄そのものだ。児童相談所はそれに気づき、度々連絡をしたり、家庭訪問をしたりした。亜津沙は億劫《おっくう》に思って電話に応じず、家にも寄りつかなかった。生活保護を受けながらアルバイトをしていることが知られてしまったら、毎月もらえる額が大幅に減ってしまうということもあった。

　ある日、児童相談所の職員は、家に置き去りにされていた娘を一時保護した。後日、亜津沙は呼び出しに応じて児童相談所へ赴いた。職員から育児放棄を注意されたが、亜津沙は聞き流してこう言った。

「私、この子のことを育てられないと思います。お金もないし、どうやっていいかもわからない。もしこの子を預かってくれるなら、預かってほしいです」

　自分の方から子供を施設に入れたいと言ったのである。職員が逆に説得したが、彼女の気持ちは揺るがなかった。

　そして娘は施設へ送られることになったのである。

　三年が経ったものの、亜津沙は娘を施設に入れたままで、今のところ引き取る気はないという。

この亜津沙の事例から、どのような感想を抱くだろうか。

亜津沙が娘を育児放棄し、施設に預けたことは、批判されてしかるべきだ。だが、彼女がそうなる前には、毒親である陽子との関係が影響していたことは間違いない。

陽子は幼い頃から亜津沙を完全な支配下に置いていた。亜津沙は恐怖心から言いなりになって生きることしかできなくなった。陽子はそんな彼女を徹底的に利用し、思春期を過ぎてからも給料や生活保護費を巻き上げていた。亜津沙をシングルマザーにさせ、望まなかった子供を取り上げたのも彼女だ。

こうした母親との関係があったからこそ、亜津沙は娘と接する機会まで奪われ、愛情を抱くことができなくなった。そして自分の手で育てたいという気持ちを失い、児童相談所に預かってほしいと申し出たのである。

陽子の存在は、冒頭で述べた「毒親」以外の何者でもない。その親子関係のせいで、子供が様々なトラウマを背負い、大人になっても支配構造から抜け出すことができなくなってしまう。これは毒親によって、その子供が育児困難を引き起こす典型的な事例の一つだと言えるだろう。

人は大人になれば、自らの力で劣悪な家庭環境から抜け出すことを求められる。だが、それができなくなってしまった亜津沙のような人も少なからずいる。それほどまでに、毒親の呪縛は長年にわたってつづくものなのである。

ケース⑯ 父親に振り向いてほしい

──毒親に付きまとわれて、搾取されつづけ、それが育児困難につながる。

そう聞くと、多くの人は被害者が女性であるケースを想像するかもしれない。男性ならある年齢になれば親と力関係が逆転して逃げるなり、反撃したりすることができるが、娘の場合は力関係がそこまで明確にならないからだ。

とはいえ、毒親の下で生まれ育った男性が長らく支配関係に置かれることも少なくない。次に見てみるのは、そういう親子の話だ。

母にも父にも捨てられて

工業地帯のある町で、リサイクル業を営む父親と十代の母親の元に、大西誠《おおにしまこと》は生まれ育った。二歳下に弟がいた。

誠は物心つく前から、あちらこちらを走り回るなどして落ち着きのない子だった。一方、弟の方は体が弱く、物静かな性格だった。

母親は若かったこともあって、二人の育児にそれなりのストレスを抱えていたことだろう。だが、父親は子育てにはまったく関知しなかった。毎日飲み歩いており、家に帰ってくるのは週の半分くらいだった。

そうしたことから、夫婦関係は非常に悪かった。父親と母親が顔を合わせれば怒鳴り合いのケンカになる。いつも最後は母親が力でねじ伏せられてしまうので、しばらくは母親が鬱憤《うっぷん》を晴らすように誠と弟に八つ当たりをした。誠は父親が家に帰って来た時は「またケンカになるのか」と暗澹《あんたん》たる気持ちになった。

誠が小学三年生のある日、家に帰ったところ母親がいなくなっていた。父親との関係がこじれ、家出をしたのだ。やがて母方の親戚がやってきて、離婚することが決まった。誠はてっきり、自分と弟は母親に引き取られるのだろうと思っていた。だが、母親は弟だけをつれていき、誠は父親に引き取られることになった。

　この時の驚きを誠はこう表現する。

「母さんに裏切られたと思いました。たぶん、俺が落ち着きのない子だったから、おとなしい弟をかわいがって引き取ったんだなって。前に母さんから『あんたはお父さんみたいになる』って言われたことがあったんです。たぶん、母さんは俺を親父と同じみたいに思って憎んでたんじゃないですかね。捨てられたと思った時はショックだったけど、なんかムカつくし、もういいやって感じでした。それ以来、母さんには会ってません」

母親が弟だけを引き取った理由はわからなかったが、その戸惑いは母親への怒りへと変わった。


　離婚後も、父親は相変わらず飲み歩いてばかりいた。

　以前よりは家に帰ってくることが多くなったが、誠にしてみれば必ずしも良かったわけではなかった。酔っている時は、服が生乾《なまかわ》きだとか、トイレに水垢《みずあか》がついているなどという理由で声を荒らげて怒ってくるからだ。玄関で父親が帰宅する音がすると、誠はビクビクして過ごさなければならなかった。

小学四年生の終わり頃から、父親は女性を家につれ込むようになった。三十代の水商売風の女性だった。飲み屋で知り合ったというから、おそらくスナックのホステスだったのだろう。しばらくして、その女性は同居をはじめた。

誠はそのことが嫌でならなかった。見知らぬ女性が居座《いすわ》り、勝手に家具を買い替えたり、部屋の模様替えをしたりする。これまで自分がコツコツと守ってきたものを奪い取られたような気持ちだった。また、父親がそんな女に入れ込んでいるのも許せなかった。

小学六年生になった頃から、誠はだんだんと父親への反感を言動で示すようになる。力では勝てないので、女性に口答えしたり、物に当たったりしだしたのだ。女性の口からそうした態度がつたわると、父親は激昂《げっこう》して叱りつけてきた。誠はそれが面白くなく、さらに反抗的な態度をとる。そうしたことがくり返されるにつれ、親子関係はみるみるうちに悪化し、小学六年の夏くらいからは目も合わさないようになっていた。

卒業式が終わった数日後、父親は誠を呼び出した。そして嫌がる彼を車に乗せ、地元の児童相談所へつれて行った。父親の口から飛び出したのは、まったく予期していなかった言葉だった。

「俺は彼女と再婚することにした。おまえは、これから施設で暮らせ」

誠は意味がわからず、理由を尋ねた。父親はこう言った。

「おまえは俺と嫁に反抗的な態度ばかり取るだろ。これ以上、一緒に暮らしたって同じことがつづくだけだ。俺や嫁といたくないなら、自分一人で生きていけ」

児童相談所は誠の態度を見て一旦は結論を先送りにしたが、何度か話し合った上で誠は児童養護施設に入ることにした。父親と女性の態度を知って、誠の方が同居に嫌気がさしたのだ。

誠の言葉である。

「親父は再婚にあたって俺が邪魔になったんだと思います。親父の女とぶつかってばかりいたから。それで、施設に預けてしまえばいいと思って、俺を捨てたんです。女と天秤にかけられて、息子の俺が負けたんですよ」

彼にしてみれば、母親からだけでなく、父親からも捨てられたのである。

誠は中学に入学と同時に児童養護施設で暮らしはじめた。そこは未就学児から高校生まで入居している施設だった。

てっきり自分と同じような子供ばかりかと思っていたら、想像以上にひどい虐待を受けていた子供が大半だった。そんな子たちは心を病んでおり、誠が仲良くしたくても話自体ができる状態ではなかった。とんでもないところに来てしまった、というのが最初の思いだった。

三カ月ほど誠は我慢したが、これ以上施設で暮らすのは限界だと感じた。これでは父親と女性のいる家に住んでいた方がマシだと考えたのだ。誠は施設から出たいと考え、父親に頻繁に連絡を取り、会いたいと訴えた。施設の子供たちの中には、土日に親元へ帰宅している者もおり、せめてそうしてほしいと思っていたのだ。

しかし、連絡をしても、父親は一向に面会に来てくれなかった。施設の職員が問い合わせても「忙しい」「体を壊した」と言って顔を出してくれない。

誠は、親父は自分を本気で捨てようとしているんだ、と不安になった。あんな父親であっても、捨てられてしまったら、自分は天涯孤独の身になる。誠はなんとか父親をふり向かせようと、施設の内外で非行をくり返すようになった。万引き、傷害、恐喝、悪いことは一通りやった。

誠は言う。

「周りからは自暴自棄になってグレたって思われていました。でも、どちらかといえば、親父に振り向いてもらいたいっていう気持ちの方が大きかったです。悪いことをすれば、親父が心配してくれるんじゃないか、迎えに来てくれるんじゃないか、あるいは、困らせることができるんじゃないか。そんなふうに思ってたんです。親父に忘れられることが怖かったんです」

それでも、父親は誠と会おうとしなかった。次第に、誠は父親に何も期待しなくなっていた。

貯金を渡したものの……待ち受けていた地獄

中学、高校と荒れた学生生活を送った後、誠は大学には進まずに就職することになった。寿司屋、菓子工場、カフェ&バーなどいくつかの職場を転々としたが、どれも半年以上つづかなかった。最後にたどり着いたのが、キャバクラのボーイの仕事だった。

二十一歳の時、店で知り合った一歳下のホステスとの間に子供ができて、結婚を決めた。経済面での心配はあったが、お互いに親に恵まれなかったことから、「家族」がほしいという気持ちの方が勝《まさ》った。

子供が生まれてしばらくして、誠は数年ぶりに父親に電話をかけた。児童福祉施設に預けられてから、数えるほどしか会っていなかったが、自分にも家族ができたとつたえたかった。数年ぶりに連絡をすると、父親は再婚相手と別れ、一人で六畳一間のアパートで暮らしているという。

アパートを訪れて目にしたのは、父親の老いた姿だった。病気で体の一部が不自由になって思うように仕事ができなくなったという。

父親は言った。

「体が動かなくなった途端、嫁に全財産を持って逃げられた。手持ちの現金がほとんどないんだ。友達や取引先に対する二千万円の借金だけは返さなければならないから、どうか金を貸してくれないか。リサイクル店は休業状態なので、いざとなれば土地を売れば金はつくれる。父親のためと思って助けてくれ」

誠はいきなり金を貸してくれと言われたことに驚いたが、それより初めて見る父親の弱々しい姿に動揺していた。絶対的な支配者だった父親が、自分よりか弱い存在になっているなんて。

誠は父親を不憫《ふびん》に思って、マンションを買うために貯金していた夫婦二人の全財産二百万円を渡した。さらに、一カ月後に父親から同じように金の無心《むしん》をされたことで、友人や妻の親族からかき集めて八十万円を渡した。

彼は言う。

「たぶん、親父に貸しをつくって振り向かせたいという気持ちがあったんだと思います。これまでずっと親父にはそっぽを向かれてたじゃないですか。でも、今なら金を貸してあげれば俺に感謝せざるをえなくなると思ったんです。

事実、金を渡した時は、これで親父とつながれたみたいな気持ちはありましたね。親父を救ってあげたみたいな感覚だった。自分じゃあんまり意識しなかったけど、離れて暮らしていた分、どこかで親父とつながりたいという思いが大きくなっていたのかもしれません」

母親と父親に捨てられてから、誠はずっと親に振り向いてもらいたいと思ってきた。そのつみ重なった気持ちが、困窮している父親に手を差し伸べるという行動をとらせたのだろう。半年ほどの間に、誠はさらに三百万円ほどの金をあちらこちらから借りてきて父親に渡した。

やがて、誠はこの時の借金で苦しむことになる。彼はキャバクラ店の店長のつてで金を借りたのだが、知らぬ間に闇金《やみきん》に手を出していたのである。瞬《またた》く間に利子がつみ重なり、家に暴力団風の男が返済の催促に来るようになった。

誠は慌てて父親に窮状をつたえ、約束通りリサイクル店の土地を売って金を返してくれと頼んだ。誠も担保があったからこそ無理な借金をして助けたのだ。

父親は「わかった」と答えたが、なかなか返そうとしなかった。誠は激怒して、無理にでも店の土地を売らせようとアパートに乗り込んだ。だが、その時には父親は夜逃げし、連絡がとれない状況になっていた。息子にたかれるだけたかって消えたのだ。

誠はやむをえず専門家に相談した。すると、父親が自分の持ち物だと言っていたリサイクル店は数年前に人の手に渡っていることが判明した。売却すれば金になるというのは、真っ赤な嘘だったのである。

誠は青ざめて妻の親戚や友達から金をかき集めたが、全額返済には程遠かった。借金取りは、勤め先のキャバクラにまで脅しをかけてきた。誠が苦し紛《まぎ》れに手を出したのが、特殊詐欺のバイトだった。キャバクラの同僚に紹介してもらって、騙《だま》した老人のところにお金を取りに行く「受け子」の仕事をしたのだ。一回につき、三万円が手に入ることになっていた。一年くらいで借金分を稼いで足を洗う予定だった。

しかし、特殊詐欺のアルバイトをはじめてから間もなく、誠は警察に逮捕された。お金を取りに行ったところ、警察に取り囲まれて現行犯逮捕されたのだ。これで借金返済も不可能になった。

拘置所に入れられた後、妻が誠に会いに来た。彼女は冷たい口調で言った。

「別れよ。もう無理だと思う」

妻の実家や親戚からもお金を借りていたこともあって、周囲からも離婚を勧められていた。妻にしても、彼と一緒にいても子供を育てていける見込みがなかったのだろう。誠も事情をわかっていたので拒むことはできなかった。妻は数日で離婚の手続きをすべて済ませて、赤ん坊をつれて実家へと帰って行った。誠に残されたのは、前科と借金だけだった。

「親からの卒業」はできるか

誠は語る。

「親父のせいで、何もかも失いました。施設に預けられた時にスパッと切れればよかったんですが、どこかで親父にふり返ってもらいたいとか、認めてもらいたいっていう気持ちがあって、せっかく結婚して子供ができたのに親父のところへ行ってしまった。

クソ野郎だってわかっていたはずなのに、どこかで〝お父さん〟を求めてしまって、だまされたんだと思います。前妻には完全に縁を切られていて、連絡することさえできません。彼女とは音信不通で、子供がどうしているかもわかりません」

どんな親であっても、子供にとってはかけがえのない存在だ。自分を捨てた親さえも、子供はなんとか振り向かせたいと願う。

しかし、親はかならずしも子供の期待した通りの人間ではない。子供を子供とさえ思っていない親もいる。誠はそんな父親に「お父さん」を求めてしまったことで、人生を破綻させてしまったのである。

誠は語る。

「施設にいた時に、職員の人にこう言われたことがありました。普通の子供なら小さな頃、両親にベッタリ甘えていて、思春期になって独り立ちしていく。でも、俺らみたいなのは甘えさせてもらった経験がないので、大人になってもどこかで親を求めてしまう。それで大人になっても、親に引きずられることがあるから、どこかで線引きをしなさい、と。

まさに言われた通りになっちゃったわけだけど、親のことを完全に切るっていうのはすごく難しいと思います。今回みたいな人生が壊れるような体験をしないかぎり、やっぱりどこかでつながりを欲《ほっ》しちゃいますから」

毒親が嫌なら、離れればいい、と他人は簡単にアドバイスをする。だが、毒親を持つ子供だからこそ、それができないケースもあるのだろう。

ある児童養護施設では「親からの卒業式」を行事としてすることで、親との離別を子供に促《うなが》している。逆に言えば、それだけ毒親との離別は難しい問題なのだ。

第六章

星の下《もと》に

これまで日本人の家庭における問題を中心に見てきたが、日本には外国人家庭も多く存在する。そうした家庭でも育児困難や虐待といったことは起こり得る。

私が外国人家庭で起きた事例としてもっとも印象にあるのが、二〇一三年に起きた「三鷹ストーカー殺人事件」の犯人・池永《いけなが》チャールストーマスだ。フィリピン人女性を母親に持つ池永が、交際していたSさん（当時高校三年）を殺害したのである。

「三鷹《みたか》ストーカー殺人事件」から見えてきたこと

すべては、二〇一一年に池永が、SNSで東京都三鷹市に暮らすタレントの卵のSさんと出会ったところからはじまる。池永は関西に住んでいたが、SNSで嘘の経歴を述べてSさんをだまして長距離恋愛をする。彼はアルバイトで稼いだお金でせっせと東京に通ってはデートを重ねた。

交際をはじめた翌年、二人は別れることになる。池永は、お嬢様育ちでタレントとしてメディアにも出ていたSさんが自分とくらべてあまりに輝いているように見えて劣等感を抱き、自分から別れ話を持ちかけたのだ。Sさんはそれに応じた。

池永は自分から別れたのに、その後もSさんのことが忘れられず、数カ月して縒《よ》りをもどそうとした。しかし、その時Sさんは別の新しい恋人をつくって大学進学のために勉強に勤しんでいた。

池永は執拗に復縁を迫るが、Sさんは家族に相談するなどして拒否。池永はこれに激昂し、Sさんを自宅に呼び出してレイプ。さらに、それだけでは飽き足らず、交際中に撮っていたポルノ画像や動画をインターネット上に流出させ、三鷹市にあった家に忍び込み、学校から帰宅したSさんをナイフでめった刺しにして殺害したのである。

この事件は被害者のSさんがタレントとして活躍していたことに加え、「リベンジポルノ」を世に広めたことで、全国的な注目を浴びた。だが、裁判がはじまって論点になったのは、池永の悲惨な生い立ちだった。彼は幼少期からおぞましい虐待を受けていたことが判明したのだ。

裁判によれば、池永の母親は、若い頃に日本に来て水商売をしており、そこで知り合った日本人男性と結婚し、フィリピンのマニラで里帰り出産をした。もともと子供にあまり関心がなかったのか、彼女は乳飲《ちの》み子の池永をマニラに置いて単身日本に帰国して水商売を再開する。池永が祖父母につれられて来日したのは一歳十カ月の時だった。

ここから、池永にとって壮絶な虐待が十年以上つづくことになる。同居する父親は、池永のことを嫌って毎日のように手を上げたり、ベッドに縛りつけて身動きが取れないようにしたりした。一方、母親は日中は保育園や託児所に池永を預け、夜は仕事で帰ってこなかった。父親による身体的な虐待と母親による育児放棄の日々だった。

四歳の時、母親はこの日本人男性と離婚したが、すぐにMという男性を引っぱり込んで同棲をスタートさせる。Mは家に生活費をまったく入れないばかりか、池永に対して実父以上の虐待をした。

金具を火であぶって池永の体に押しつける、裸にして革のベルトで叩く、ライターの火で鼻の中をあぶる、水風呂に放り込む。また、ことあるごとに「おまえはフィリピン人だ」などと人格を否定する言葉を浴びせた。池永はこのMを極度に恐れていた。一度、病院の医師が虐待の痕跡を見つけて母親につたえたことがあったが、池永は母親に対して「(報復が怖いから)Mには絶対に言わないで」と嘆願《たんがん》するほどだった。

小学五年の頃、母親はようやくMと別れるが、次に付き合ったのは暴力団員だった。暴力団員の男は家に住み着き、母親に対して激しい家庭内暴力をふるう一方で、彼女との性行為を池永に見せつけた。殴る蹴るは日常茶飯事で、ワインのボトルで母親の顔面を乱打して、目の周りを「パンダのように」腫《は》れ上がらせたこともあった。

池永は母親が殺されてしまうと思い、何度も離縁を勧《すす》めた。母親は同意して家を捨てて逃げるのだが、またすぐにその男と復縁して一緒に住む。するとしばらくしてDVがはじまるので再び逃げる。二年強の間にそんな転居だけで七回に及んだ。

母親はだんだんと家に寄りつかなくなり、アパートは電気や水道が止められる。家に残された池永はコンビニのゴミ箱を漁《あさ》って賞味期限切れの弁当を食べたり、マンションの地下の共同トイレで体を洗ったりして何日もすごした。真冬でも蠟燭《ろうそく》の火を頼りに、一枚のタオルケットにくるまって寒さをしのいだ。

裁判で弁護士が主張したのは、長年にわたってこうした虐待の日々を過ごしたことで、池永が人を信じることができなくなったり、つよい自己否定感を抱いたりするようになったということだ。虐待が人格形成に大きな悪影響を及ぼした結果、Sさんとの関係性も維持できず、歪んだ考えを抱きながら事件へと突き進んでしまったというのである。

虐待と事件との詳しい関係性については、拙著『虐待された少年はなぜ、事件を起こしたのか』(平凡社新書)に譲るが、池永を思い出す度に脳裏を過《よぎ》るのは、なぜ母親は家庭をここまで凄惨なものにしてしまったのかということだ。むろん、理由は一つではないだろう。

たとえば、次のようなことが考えられる。

・フィリピンでの貧しい生活による教育不足。
・若くして日本の水商売の世界にいて良識を持つことができなかった。
・特殊な職場環境から、暴力団員などリスクの高い異性とばかり出会っていた。
・子供より、夜の商売や恋人にのめり込むタイプだった。
・日本語がほとんどしゃべれず、助けを求める先がなかった。
・周囲も同じようなタイプの人ばかりで、守ってくれなかった。
・日本語が得意な池永と、日本語が不自由な母親との間で会話が成り立たなかった。

理由の数は枚挙《まいきよ》に暇《いとま》がないほどある。

もちろん、外国人家庭だからといって、あるいは水商売をしているからといって虐待が起こるわけではない。だが、ここで見たように、いくつもの悪条件が重なり合うことで、凄惨な虐待が何年にもわたって放置され、後にそれが重大な事態を生み出すこともあるのだ。

実際に池永のケース以外でも、私が出会った外国人家庭で起きた虐待は、似たようなパターンだった。二ケースつづけて見てみたい。

ケース⑰ 外国人の育児放棄

ベネッサはフィリピンで生まれ育ち、十八歳の時に日本にやってきた。現地のブローカーを通しての来日だったのだろう。関西にあるフィリピンパブで働きはじめた。

彼女は毎晩のように朝まで浴びるように酒を飲み、カラオケを歌うような日々だったらしい。そのせいで、日本語の能力はほとんど向上せず、三、四歳くらいの語彙——用件を必要最低限につたえられる程度——しかなかったという。

ベネッサは二十代の半ばで日本人と結婚して二人の子供を産んだが、すぐに離婚。子供は父親の親族が引き取ったそうだ。その後、彼女は関西のフィリピンパブを転々としながら暮らしていた。その間に、さらに二度結婚と離婚をくり返したというから、異性関係はかなり派手だったと思われる。

やがてベネッサは名古屋のパブに流れ着いた。その店で出会った客が大田原祐司《おおたわらゆうじ》だった。ベネッサのお腹に百合愛《ゆりあ》が宿ったことをきっかけに、二人は籍を入れることにした。

この結婚もまた長くはつづかなかった。祐司は足に障害があった上に、不定期の仕事で安定した収入がなかった。ベネッサは仕事以外でも飲み歩いてばかりで家事は一切しない。自然とぶつかることが増えて、二年ももたずに離婚した。

日本の常識の方がおかしい？

離婚後はベネッサが百合愛を引き取って育てることになった。だが、彼女は百合愛を保育園にも通わせずに家に放置したり、離婚した祐司の実家に預けたまま一週間も二週間も引き取りにこないこともあった。

祐司の母親がさすがに見かねて注意した。

「百合愛を育てられないなら、施設に預けるか何とかしなさい！」

すると、ベネッサは百合愛を施設ではなく、あろうことかフィリピンへつれ帰って実家へ預けてしまった。そして自分一人だけ日本にもどってきて、平然と夜の仕事をはじめたのである。

フィリピンの実家で百合愛がどのような暮らしをしていたかわからない。約四年後、ベネッサは何も言わず、百合愛をフィリピンからつれてきた。

百合愛は地元の学校へ通うことになった。だが、ベネッサの生活態度は以前と何も変わらず、遊び回ったり、祐司の実家に預けたままにしたりする日々だった。学校でも、給食費の未払い、保護者面談の不参加、音信不通など問題行動がつづいた。

教師はくり返しベネッサを呼び出して注意をしたが、日本語が不自由なために話を理解しているかどうかもわからない。その日は「わかりました」と言って帰っても、翌日には同じことをするのだ。学校に百合愛が姿を見せなくなったために捜してみたところ、ベネッサの店の友達の家に置き去りになっていたこともあった。

さすがに教師は大きな声でどういうつもりか問いただした。ベネッサは悪びれることなく言った。

「フィリピンでは忙しい時は人に頼む。これ、普通」

日本の常識の方がおかしいというくらいの態度だった。

学校側は自分たちだけでは手に負えないと判断して、市へ相談を持ち掛けた。市の職員が面談や家庭訪問をしたところ、ベネッサが百合愛に手を上げていることが発覚した。ベネッサは日本語が不得意なため、百合愛が思う通りにしないと言葉でつたえるより先に手が出ていたのだ。

これについてもベネッサはこう答えるだけだった。

「フィリピンではみんなやってる。おかしくないよ」

体罰は当たり前というスタンスだったのである。

補導された娘

家庭の状況がより悪化したのは、百合愛が小学五年の時だった。

ベネッサが別の店に移ったのをきっかけに、住んでいたアパートが同僚のフィリピン人ホステスたちのたまり場となったのだ。しかも、店の関係者なのか、暴力団員風の男も出入りするようになった。

ベネッサは百合愛を、同僚のホステスたちの子供たち七、八人と一緒にして別のアパートに住まわせた。大人は大人、子供は子供だけで別々に暮らしたのだ。年頃の百合愛はその生活になじめず、まったく学校に行かなくなり、さらに家出をするようになる。夜中に繁華街を歩いているところを何度か補導され、児童相談所によって保護されることになった。

児童相談所は、ベネッサと面会を行って家庭環境を整えるように注意した。親が子供と同じ家に暮らして、生活の面倒をみるべきだとつたえたのだ。だが、ベネッサは「日本語がわからない」「フィリピンではこれが普通」「友達に預ければ大丈夫」とくり返すだけで心を入れ替えようとしない。

児童相談所の担当者はこう言った。

「すでに百合愛ちゃんは不登校になっています。このまま学校に行かなければ、将来に影響しますよ」

ベネッサは答えた。

「大丈夫。私も、学校行ってない。だから大丈夫」

きっとフィリピンの貧しい家庭で生まれ、教育を受けずに働くのが普通だったのだろう。だからこそ、自分のしていることが正しいと信じて疑わないのだ。同僚のホステスたちも同じような境遇の人ばかりだったにちがいない。

児童相談所はベネッサと話し合いをつづけることは難しいと考え、実父の祐司に相談を持ち掛けた。百合愛も「パパとなら一緒に暮らしてもいい」と言ったためだ。だが、祐司は失業しており、経済的な問題を抱えていた。そこで話し合った結果、祐司方の祖父母が引き取って育てることになった。

ケース⑱ 外国人の児童労働

斉藤一馬《さいとうかずま》は、関西の繁華街の真ん中で生まれ育った。

母親のメイはフィリピン人で、フィリピンパブと多国籍エステ店で働いていた。店で知り合った男性との間に生まれたのが、長男の一馬だった。日本人客は既婚者であり、一馬が生まれる時に四十万円の養育費を払って消えたという。

その後、メイは別の男性との間に、二歳下の長女を産んだ。こちらの男性とは一度籍を入れたものの、わずか一年半で離婚。メイは一馬と長女をシングルマザーとして育てることになった。

メイは仕事を口実に、幼い子供二人をアパートに残してほとんど帰って来なかった。新しい恋人のところへ通っていた。その間、幼い一馬たちは近所に暮らすフィリピン人の中年女性の家に預けられていた。

一馬は語る。

「保育園のお迎えとかは、すべてそのおばさんがしてくれていた。夕食もそっちの家で食べて、夜の九時とか十時になるとアパートに送り届けて寝かしつけてくれるんだけど、いつも寝たふりしてたね。母さんに会いたかったんだ。おばさんがいなくなると、妹と二人で目を覚ましてゲームをしながら母さんの帰りを待っていたのを覚えている。でも、会えたって記憶はほとんどないね。朝になっても帰らないことの方が多かったんじゃないかな」

小学校に上がると、一馬は母親との「距離」をつよく感じるようになる。メイは二十歳くらいで日本に来てからずっとフィリピンパブや多国籍エステ店でしか働いておらず、来日十年くらいになるのに片言《かたこと》の日本語しかしゃべることができない。なんとか単語は言えるのだが、言葉をつなげて自分の意志を相手に示すことができないのだ。

そのため、一馬はメイの考えていることがわからなかったし、メイも子供たちに気持ちをつたえられずにいら立ちを募らせて怒ってばかりいた。メイが育児放棄をしていたのは、そうしたことも一因だったのかもしれない。

一馬と妹が共に小学生になってからは、中年女性の家で預かってもらえなくなった。代わりにメイからわずかなお小遣いをもらって、自分たちで何とかするように言われたのだ。だが、小遣いはお菓子を買える程度の額で、アパートの電気や水道はしょっちゅう止まっていた。一馬は、暗闇を怖がる妹のために室内で紙を燃やして明るくしてあげたが、それが原因でボヤを起こしたこともあった。

一馬は家だけでなく、学校での生活にも楽しみを見出すことができなかった。学校では、見た目や毎日同じ服を着ていることを口実に、同級生からいじめに遭っていたのだ。母親は相手にしてくれず、学校の先生にも相談できず、小学校五年生くらいの頃からだんだんと不登校になっていく。

中学に入学して間もないある日、メイが真夜中に一馬と妹を叩き起こした。彼女は唐突にこう言った。

「ワタシ、結婚することに決めた」

恋人がいることは知っていたが、結婚は寝耳に水だった。メイはつづけた。

「来月から新しい旦那さんの家で暮らすから、あなたたちも来なさい」

数日後、メイは「紹介」と称して一馬と妹を恋人の家につれていった。

その家は、電車で一時間ほど離れた町にあった。一戸建てだったが、一階のリビングの他に、二階に四畳ほどの部屋が三部屋あるだけだった。家には新しい父親が前妻との間に産んだ子供が三人暮らしており、一馬より少し年上で、一目で不良とわかる格好をしていた。彼は一馬のことが気に入らなかったのだろう、ひたすら舌打ちして口をきこうともしなかった。

家に帰った後、一馬は妹と話し合い、メイに言った。

「僕たちはあの家に暮らしたくない。アパートに残りたい」

そう言えば、再婚を考え直してくれるのではないかという淡《あわ》い期待もあった。だが、メイは言った。

「だったら、二人でここにいなさい。私は結婚して向こうの家に住むから」

母親は子供たちをアパートに取り残し、一人で新居へ引っ越してしまったのである。

一馬は当時の気持ちを語る。

「俺も中学になってたんで、クソババア、としか思わなかったね。言葉が通じないっていうのもあるけど、もう何考えてるかわかんねえじゃん。俺は中一で、妹は小五だぜ。どうしろっていうんだよ。それ以来、あいつへの恨みが膨らんで、ごくまれに顔を合わせればケンカって感じの関係になった」

生きるために万引き

中学へも行かなくなっていた一馬はゲームセンターや公園で出会った不良たちと付き合

うようになっていた。彼らにしてみれば、一馬の暮らす親のいないアパートは格好のたまり場だった。毎日、行き場のない少年たちがひっきりなしにアパートにやってきた。みんなでいる時だけは、寂しさをまぎらわすことができた。

一馬は年齢が上がるにつれて、だんだんと不良仲間たちと一緒になって万引きや恐喝をくり返すようになった。アパートの電気、水道、ガスは新しい父親が払ってくれていたが、食費はほとんど入れてくれなかったので、そうやって金を手に入れるしかなかったのだ。生活費のために危険ドラッグの売買もした。

警察に捕まったのは、中学三年の時だった。恐喝した際に仲間が相手を暴行して大ケガをさせてしまったのだ。一馬は少年院送りこそ免れたものの、家庭環境の劣悪さからグループホームに入ることになり、妹はメイに引き取られることになった。初めてきょうだいがバラバラに暮らすことになったのである。

一馬は言う。

「施設に行くか、母さんと暮らすかを選べと言われたんだよ。妹と別々に住むことになったのは仕方ないんだけど、アパートにいられなくなるのはつらかったな。やっぱりアパートは思い出の家だったからね」

一馬は定時制高校へ進むも、半年で中退。その後、グループホームを出て、先輩の紹介で建築の仕事に就いた。

それでも親か！

十八歳になった年のことだった。一馬は付き合っていた女性が妊娠したことで、結婚を決め、久々にメイのもとへ紹介に行った。ずっと連絡を取っておらず、妹と会うのも二年ぶりだった。

しかし、家に行って、一馬は想像もしなかった現実を目にすることになった。メイの夫が仕事を失っており、前妻との間の子供たちはさんざん財産を食いつぶした挙句に家を去っていた。生活費に困ったメイは、十六歳の娘を高校へ行かせず、知り合いが運営するパブでホステスをさせていた。娘に生活費を稼がせていたのである。

一馬はこれを知って激怒した。これまで自分たちのことを放置してきたくせに、生活に困った途端、娘を利用して金を搾《しぼ》り取るなんて。

「おまえ、それでも親か！」

彼は激昂した勢いでメイを殴りつけ、制止しようとしたメイの夫も傍《そば》にあったアイロンで殴りつけた。

家は大騒ぎになり、近所の人の通報で警察が呼ばれた。家族内のいざこざということもあって大事にはならなかったが、メイもその夫も一馬とは絶縁すると宣言した。一馬の方も「上等だ」と応じ、妹を引き取った。

一馬は言う。

「俺は母さんとまともに会話をした経験がないんで、何を考えているのか一度もわからなかった。あえて言えば、アパートに時々やってきたり、お小遣いをくれたりする近所のおばさんって感じ。小さな頃はそれでも寂しいから一緒にいたいって思ったけど、小学校の中学年頃からは期待しても無駄だからあきらめた。たまにやってきてムカつくことされるくらいなら、消えてってくれって感じだった。

母さんたちをフルボッコにしたのは、そんな思いが限界に達したんだろうね。本気で消えてくれって思いながら殴ってた。妹とも話しているけど、俺らは一生母さんには会わないと思う」

一馬の言葉の端々《はしばし》にはメイに対するすさまじい憤りが込められていた。逆に言えば、それだけ期待を裏切られてきたのだろう。

言葉の問題ではない

ベネッサとメイの二つの事例から感じられるのは、池永チャールストーマスの家庭との少なからぬ類似点だった。

途上国の貧しい家庭で生まれ育った女性が若いうちに来日して水商売の仕事に従事する。それゆえ、常識を身につけたり、適切な人間関係を築いたりすることができない。さらに日本語能力の欠如《けつじょ》ゆえに、地域とつながってサポートを受けることができず、子供とのコミュニケーションさえも難しくなる……。

本項で見たのはフィリピン人の母親のケースだったが、当然ながら国籍は関係ない。これまで私が取材してきた中であれば、ブラジル人、ペルー人、中国人、タイ人にも同じような状況はあった。

かつて新宿区の外国人が非常に多い地域の小学校の教員にインタビューをしたところ、こう言われた。

「国は学校に通訳を置いて親とのコミュニケーションを円滑にできるようになれば、問題が起こるのを防げると考えがちです。通訳を派遣するから、あとは現場の教師に何とかしろという対応なんです。しかし、実際に親に会って話をしてみると、親自体が未熟で常識を欠いていることが珍しくありません。言葉というより、親の問題なんです。これは教育現場からだけではどうすることもできません」

これは核心を突いた言葉だ。

たしかに外国人の親は、コミュニケーション能力の弱さから社会とのつながりが希薄になり、育児困難に陥るリスクが高いと言えるかもしれない。だが、それであれば、大半の外国人家庭が同じようになるだろう。

そうならないのは、単に日本語能力の問題というより、親自身が抱えている別の問題の影響の方が大きいからだ。それがすでに述べてきた、親の未熟さだったり、水商売という労働環境の劣悪さだったりする。コミュニケーションの問題は、数あるリスク要因のうちの一つでしかないと言えるだろう。

であれば、先述の教師の言葉のように、通訳を派遣することでコミュニケーションの改善を図るだけでは、家庭環境を変えることは難しい。現場の教員任せにするのではなく、親と子供を多角的に支援する必要があるのだ。ベネッサのケースでは、教員が市や児童相談所に協力を求めたおかげで祖父母の家で暮らすことが叶《かな》ったが、池永チャールストーマスのようにそうならない家庭も少なからずある。

今、日本は労働力の減少を外国人に頼ろうとしており、年々日本に暮らす外国人の数は増えているものの、そうしたことに関する対策は十分とは言えない。日本語能力だけでなく、様々な方面からそうした家庭を支えていくための体制づくりは急務なのである。

ケース⑲　暴力団家庭

なぜかあまり話題に上ることはないが、虐待家庭を取材する中でよく目に付くのが、暴力団家庭である。

現在、全国の暴力団組織は、一九九二年に施行された暴力団対策法（暴対法）やその後の暴力団排除条例などによって厳しく取り締まられている。これまで彼らの主なシノギ（暴力団の稼ぎ）だった債権回収、みかじめ料の要求、トラブル仲裁といったことが禁じられたばかりか、組員は銀行口座をつくれなかったり、マンションを購入できなくなったりするなど私生活にも規制がかけられている。

それまで、警察は暴力団の存在を認めながら犯罪を抑制していくというスタンスを取っていた。警察官が地元の暴力団事務所に足を運んで組員を把握したり、事件が起きた時に情報提供を求めたりしてきたのだ。だが、法律や条例をつくって以降は、警察は百八十度向き合い方を変え、暴力団の存在そのものを認めないという断固とした姿勢をとることになった。

これに伴い、全国の暴力団員の数は活動を大幅に狭《せば》められ、減少の一途を辿《たど》ることになった。二〇〇八年には全国で構成員、準構成員合わせて八万一千六百人いたのが、十年後の二〇一八年には三分の一近い三万五百人にまで激減していることがそれを如実《にょじつ》に表しているだろう。

警察の取り締まりの中で断末魔に喘《あえ》ぐ暴力団員たちは、生きるために様々なシノギに手を伸ばしている。そうした中で数少ない稼げる稼業の一つが、覚醒剤の密売だ。身近な者たちに覚醒剤を覚えさせ、彼らに高額な料金で売りつける。そのサイクルをつづけることによってまとまった金を得ているのである。

現在の暴力団の稼ぎの多くが覚醒剤の密売になっていることは知られていても、その家庭で育つ子供たちの置かれた状況が明るみに出ることは少ない。ここで光を当てるのは、そのような家庭だ。

父は組の幹部、母は元暴走族

中部地方の工業地帯で、清水力也《しみずりきや》は生まれ育った。母親は元暴走族のメンバーで、十九歳の時から付き合っていた十五歳年上の暴力団員と二十歳で結婚し妊娠、生まれてきたのが力也だった。

父親は小さな組の幹部を任されていて、主に覚醒剤を密売して生計を立てていた。地元に大勢の不良の後輩がいたことから、彼らに覚醒剤の味を覚えさせて売りつけ、その中で信頼できる人間には売人をさせて上前をはねていたのである。

母親の方もこの仕事の手伝いをしていたようだ。毎日テーブルの前にすわって、覚醒剤をビニールのパケに詰めたり、不良の後輩の元へ車で運んだりしている光景を力也ははっきりと覚えている。

不良人脈を駆使した商売は成功していたらしく、両親はセルシオなど常に三、四台の高級車を所有していたという。食事もほとんど毎日外食で、力也は小学校に上がるまで母親の手料理を食べた記憶がない。

そんな父親が家を去ったのは、力也が六歳の時だった。

後から聞いた話では、次々に愛人をつくっては子供を産ませていたこともあって、母親の方が耐えられなくなって家から追い出したらしい。

しかし、母親は別れた後も父親との仕事はつづけていた。彼女自身が覚醒剤の重度の依存症ということもあったのだろう、きっぱりと縁を切ることができず、定期的に覚醒剤を回してもらっては売りさばいていた。

その一方で、母親は家に愛人を呼び込んでは「キメ・セク（覚醒剤をして性行為をすること）」をしていた。相手の男性は数日おきに代わるような有様《ありさま》で、中には父親の舎弟《しゃてい》がいたこともあった。

力也は語る。

「母さんはクスリ（覚醒剤）で頭がぶっ壊れていて、小学生の俺にまでシノギを手伝わせていました。車でショッピングモールの前に行って、クスリの入ったバッグを渡してこいって言ってきたり、クスリを隠す手伝いをやらせたり。

母さんとヤクザの男と三人でラブホに行くこともありました。俺に携帯ゲームを渡してバスルームに押し込んでいる間にセックスしてるんです。はっきり言って、母さんのことは嫌いでした。むしろ、親父の方があまり記憶にない分、好きだったかな。時々父親と会うと、焼肉とかステーキ屋とかつれて行ってくれて何でも買ってくれましたし」

小学五年生の冬、母親が新しい恋人をつくり、家に寄りつかなくなった。十日に一度くらい思い出したようにフラッと帰ってきては、力也に数千円のお小遣いを置いてまた出ていく。力也は、その金でコンビニでお菓子やおにぎりを買っていた。万引きを覚えたのもこの頃だった。

一年間こうした生活がつづいた後、ついに学校が異変に気がついて児童相談所に通報する。母親と連絡が取れない、力也が同じ服装をしている、不登校がちといった理由から、事態を把握したようだ。

ある朝、児童相談所の職員数名が家に押しかけてきた。彼らは力也から家庭の事情を聞くと、そのまま一時保護に踏み切った。そして面会の後も母親のもとに帰すことは認めず、児童養護施設に預ける決定をしたのである。

児童養護施設での生活がはじまった。力也は小学六年で入ったことで、なかなか周りになじむことができなかった。

中学一年に上がって間もなく、母親が児童養護施設に面会にやってくるようになった。付き合っていた男と別れて、急に力也が恋しくなったようだった。週末にはかならず顔を出したこともあって、施設の他の子供たちからは羨《うらや》ましがられたが、力也の思いは違った。

力也は語る。

「今さら何しに来たのかって気持ちでした。クスリや男のことしか見てこなかったくせに、いきなり母親ヅラして『一緒に暮らしたい』とか『恋しい』とか言われたって、どうせ口先だけに決まってるじゃん。あいつを信用してついていけば、また裏切られるだけ。それで施設の人には面会はしたくないって断ってもらうことにしたんです」

きっと力也は幼い頃から母親のことを求め、その度に数えきれないほど裏切られつづけてきたのだろう。だからこそ、母親の言葉を鵜呑《うの》みにして、また捨てられるのが怖かったのではないか。

そんな時に現れたのが、父親だった。力也の下校途中で父親が待ち伏せするように立っていたのである。父親は力也が施設に入ったことを聞き会いにきたのだ。この時に父親から携帯電話をもらい、月に一度くらいのペースで食事に行くようになった。

力也は中学で不良として鳴らしていたこともあって、スポンジが水を吸収するように父親の悪い影響を受けた。父親は一度に何万円という小遣いを気前よくくれて、普段は行けないような焼肉店で好き放題食べさせてくれた。その上、不良仲間や先輩に暴力団員の父親がいると言えば、みんな恐れて言いなりになった。

力也は父親の威光を笠に着て不良グループをまとめ上げ、あらゆる非行に手を染めるようになった。そして、いつしか暴力団の構成員になることを夢見るのである。

殺してやりたい

中学を卒業した力也は高校へは進まず、地元の不良グループを束ねて暴走族を結成した。その一方で、覚醒剤の売買に手を染めるようになった。父親の方から「クスリを卸《おろ》してやるから売ってみるか」と誘われたのである。力也自身は、中学三年の時から、やはり父親からもらった覚醒剤に手を出して常習するようになっていた。

力也は覚醒剤を次々と後輩たちに売りつけると同時に、家出少女たちをまとめ上げて売春グループをつくった。そして売り上げの大部分を父親に納めた。そうすれば、組長に直談判して組員にしてやると、父親から言われていたのだ。力也は組員になりたい一心で、それを信じて必死に働いた。

そんな生活を二年ほどつづけたある日、力也は思わぬ真実を知ることになる。別の暴力団関係者から、父親はもう何年も前に所属していた暴力団を破門になっていると教えられたのだ。力也は愕然《がくぜん》とした。一体どういうことなのか。

力也は父親に詰め寄り、真実を問いただした。父親は意味不明の言い訳をするだけで答えようとしない。そこで力也は母親のところへ行って意見を求めた。母親は冷たく言い放った。

「あの男はそういうヤツなのよ。どうせあんたを利用して金儲けをしてただけでしょ。あんたをだませば、クスリをどんどん売って金を持ってきてくれると考えてたんだよ。いいようにつかわれていただけ」

力也は、二年間だまされて働かされていたのかと思うと怒りで全身が震えてきた。これまで父親を後ろ盾に生きてきた自分の立場はどうなるのか。

——メンツを守るには、父親を殺すしかない。

力也は凶器を用意して父親のところへ向かった。だが、父親はいち早くそれを察して逃げ出して行方をくらました。力也は血眼《ちまなこ》になって捜した。

そんなある日、突然、力也の住んでいたアパートに警察が家宅捜査で押しかけてきた。覚醒剤を売っていると垂れ込みがあったという。アパートから注射器や覚醒剤が発見され、力也は言い訳もできずにその場で現行犯逮捕された。

　力也は語る。

「後でわかったんですが、親父が自分を守るために警察へ俺を売ったんですよ。実の子をだまして金を搾り取った挙句、命を狙われたからって警察に売るなんて最悪な奴です。心から殺してやりたいと思った。

　一年間少年院に入って出てきたら、親父は居場所がまったくわからなくなっていたし、俺は仲間からウソつき呼ばわりされた。俺が仲間たちをだましていたみたいに思われていたんです。それで地元にいづらくなって出ることにしたんです」

　その後、力也は地元を離れて関西に行き、少年院で知り合った知人のつてで別の暴力団に入った。だが、暴対法によってシノギが削られている中で、暴力団員として生きていくことの壁にぶつかり、わずか三年ほどで組を離脱することにした。現在は、ガールズバーの経営者になっている。

「自分が組に入って、親父の立場も少しはわかったかなと思いますね。今の末端のヤクザはガキにクスリを売ることくらいしか商売にならないんですけど、組の方からは常に金、金、金と要求されてばかり。その上、ヤクザをやってても暴対法でつらい思いをするだけで、見返りはまったくといっていいほどない。そんな中で生きていくには、もう自分の子供をだまして金を搾り取るしかない。俺はそこまでしたくなかったから組を抜けたけど、これまでどっぷりヤクザをやってきた人は今さら別の生き方をしろっていってもムリでしょうね」

冒頭で述べたように、暴力団員は暴対法によって締めつけられ、組の幹部クラスはともかくとしても、上納金を吸い上げられる立場の末端の構成員は生活すらままならなくなっているのが現状だ。そんな彼らにとって、覚醒剤は残された数少ないシノギの一つである。

頭のいい売人なら、自らは覚醒剤には手を出さず、売るだけに徹すると考えるかもしれない。だが、現実にはそれができる者はごく一部だ。ほとんどの者が暴力団に加入する前の小学生か中学生くらいから違法ドラッグに手を出しており、そのツテの中で暴力団に入っていく。男女の関係も、最初に覚醒剤ありきなので、自然と家庭は荒んだものになっていく。もっともつらい思いをするのは、その子供だ。

社会として暴力団の活動を認めず、排除すること自体は間違いではない。だが、現実には、暴対法が成立して以降、どんどん厳しくなっていく暴力団員への圧力の中で、その被害が子供にまで及んでいることを、どれだけの大人が理解しているだろうか。

国家が特定の家庭を締めつければ、当然その子供を巻き込んでしまう。そのことをきちんと理解した上で、暴力団への取り締まりと並行して、その家庭で生まれ育った子供の救出、支援をしなければ、力也のような子供を生むことになる。

現在、暴力団の人数は三万五百人と述べたが、力也の両親を見ればわかるように、かならずしも組員にとっての家族は一つだけではない。いろんなところに子供をつくり、それぞれに悪影響を与えているのだ。そう考えれば、どれだけ多くの子供たちが虐待のリスクにさらされているのだろう。

力也のように表に出てくるのは、氷山の一角なのである。

第七章

子供が歩く路《みち》

子供から見た親

——家族とは、血でつながっている特別な関係。

いつ誰から教えられたわけではないのに、私たちは家族に対してそんな思いを抱いている。それは家族だけは最後まで自分のことを信じてくれるとか、どんなことがあっても守ってくれるという信念があるからこそ、思えることなのだろう。

しかし、親に捨てられた子供たちに話を聞いていると、そうした考えが決してすべてではないことを痛感する。彼らは自分に暴力をふるい、搾取してきた親を心底憎み、血のつながりさえ拒絶しようとすることがある。

これまで親がどのようなプロセスを経て子供を捨てたかということに焦点を当ててきたが、ここでは子供の立場から考えてみたい。子供たちの目に、親の行為はどのように映っているのだろうか。

ケース⑳ 私は家庭を知らない

高校三年だった母親が、パチンコ店の従業員をしていた二十歳の男性との間に産んだのが、伊藤《いとう》いずみだった。いわゆる、デキ婚だった。

父親の収入は決してよくないばかりか、金づかいも荒かった。にもかかわらず、いずみの後も二人の男の子を立てつづけにつくった。そのため、家計は常に苦しく、親戚や友人のところを回ってはお金を借りるのが習慣になっていた。

そんな両親の離婚が決まったのは、いずみが小学校に上がった年だった。いずみは、てっきり弟二人と母親に引き取られるものだと考えていた。だが、母親は一人で出て行ってしまい、父親が親権を持って実家に帰ることになった。そして、いずみにこう言った。

「実家は狭いし、経済的にも厳しい。だから、弟二人の面倒しか見ることはできない。いずみは施設に行きなさい」

たしかに父親の実家は二DKのアパートで、祖父はすでに故人となり、祖母がほそぼそとパートで働いているだけだった。いずみは、自分一人が捨てられたように感じたものの、現実を受け入れるしかなかった。

いずみの入った児童養護施設は、なるべく子供を家に帰そうという方針だった。土日祭日には一時帰宅を促したり、親が泊まれるスペースを設けて、そこで一、二日一緒に寝泊まりすることもあった。いずみもそれを願ったが、父親は仕事が忙しいことを口実に応じてはくれなかった。ごく稀《まれ》に祖母が一人で面会にやってきてくれるだけだった。

いずみは語る。

「施設の子供たちの間で親のことはあまり話しません。でも、それなりに、みんな家族が来てくれるのを待ってたし、たまに家族の元へ帰れる子がいるとものすごくうらやましかった。私は父がまったく来てくれなかったので、だんだんと土日に体調を崩すようになりました。

他の子の親が来てくれるのに、また自分の親だけが来てくれないかもしれない。そんな不安があったんでしょうね、かならず金曜日になると熱が出て寝込んじゃうんです」

自分だけ休日に親と会えないことが、彼女にとって精神的な重みになっていたのだろう。

「いい子」を演じるのは止《や》めた

小学五年生のある日、珍しく父親がやってきた。彼はこうつげた。

「再婚することになった」

すでに父親は二人の弟をつれて実家を出て新しい家に引っ越したという。

いずみにとってこの言葉は衝撃だった。お金がないから施設に預けると言われたのに、なぜ再婚できるのか。

だが、それを深く考えれば、自分が捨てられたことを認めざるをえなくなる。いずみは無意識のうちに再婚について考えないようにして、いつか家族で暮らせる日が来るに違いないと期待を抱きつづけた。

その頃から、いずみは学校の勉強やスポーツに励むようになった。いい子にしていれば、父親が見直してくれるはずだと思ったのだ。テストの成績は常にトップクラスで、バスケットボール部の活動にも励んで副キャプテンの座をつかんだ。施設の職員からは「うちの子供の中で一番優秀だ」と言われたという。

いずみは言う。

「中学の時には生徒会長に立候補しましたよ。お父さんに認めてもらいたいという気持ちがあったんでしょうね。学校での成績とか、生徒会の活動とかは、施設を通じてすべてお父さんにつたわります。お父さんにそれを知ってもらって、『いい子だ』って思ってもらいたかった。気にかけてもらいたかったんです」

高校は、地元で進学校と名高い公立高校へ進学を果たした。

待ちに待った父親からの連絡が来たのは、高校一年の二学期のことだった。父親が再婚相手と離婚することになり、引っ越しと同時にいずみを引き取るという。ようやく家族と暮らせるという喜びで一杯で、なぜそうなったのかについてはあえて訊かなかった。

念願だった家族との生活は、期待していたものとはまったくちがった。父親は仕事が終わっても毎晩飲み歩いて帰って来ず、中学生の弟たちはグレていた。家族が顔を合わせてもお互いに無視するか、些細なきっかけで怒鳴り合うかするばかりで、楽しく食卓を囲むようなことは一度もなかった。

いずみは何とか弟たちと仲良くやろうと思っていたが、ぎくしゃくとした関係を修復することができなかった。十年くらい別々に住んでいた上に、思春期で性別も異なるため、お互いにどう接していいかわからなかったのだ。

彼女はこう表現する。

「浦島太郎状態だったんです。十年してようやく帰ってきたら、家族の中に私の居場所はありませんでした。共通の思い出もなければ、弟がどういう人間かもわからない。弟たちにしてみても、私は赤の他人みたいだったはずです。そりゃそうですよね、小学校から中学校までの一番重要な時期を過ごしてないんだから。弟たちにすれば、『誰だよ、この女、いきなり来やがって』みたいな感じだったと思います」

そんなある日、いずみは父親と口論をした際に、思いがけないことを聞かされる。今になっていずみを引き取ったのは、これまで児童養護施設がいずみのために積み立てていたお金を手に入れられることに加え、再婚相手の代わりに家事をさせられるからだと言い放たれたのだ。

いずみは、これまで家族と暮らしたい一心でがんばってきたことが急にバカバカしく思えてきた。それから家に寄りつかなくなり、不良グループとつるむようになった。家に帰るのは一週間に一、二日程度で、他は先輩のアパートに泊まり、危険ドラッグをやったり、たくさんの男性と肉体関係を結んだりした。

せっかく入学した進学校も高校二年の一学期で中退。そのまま当時付き合っていた先輩の家で暮らすようになった。

いずみは語る。

「家族の中に居場所が見つけられなかった上、『いい子』を演じるのが嫌になっちゃったんです。どうでもよくなったっていうか、どう生きていけばいいかわからなくなったんです。そんな時に出会ったのが、同じように家族とうまくいっていない人たちだった。ハーブ(危険ドラッグ)が流行ってて、毎日それればかりやってた」

いずみが妊娠したのは、母親と同じ十八歳の時だった。家庭に飢えていた彼女は、子供を産んで家庭を築きたいと強く願った。三歳年上の恋人も、定職についていなかったが、結婚と出産には同意してくれた。

だが、出産まで二カ月と迫った日、いずみはその男性と別れてしまう。彼が別の女性と浮気していたことが発覚した上、多額の借金を背負っていることが判明したのだ。毎日昼夜を問わずに顔を合わせれば口論という状態がつづき、ついに売り言葉に買い言葉で「別れよう!」と言って、いずみはアパートを去った。

いずみは膨らんだお腹を抱えて実家に帰ったものの、父親や弟たちから注《そそ》がれる眼差しは冷たかった。いずみは悩んだ。もしこのまま子供を産んだとしても、一人でまともに育てられるとは思えない。むしろ、自分のようなかわいそうな子供をつくりだしてしまうだけだろう。しかし、もはや中絶可能な時期は過ぎていた。

今後のことについてソーシャルワーカーなどと相談した結果、いずみは特別養子縁組という制度があることを知った。赤ん坊を産んだ後、別の夫婦に特別養子として渡し、実子同然に育ててもらうという制度だ。

いずみは特別養子を支援している団体を紹介してもらい、契約を結んだ上で、出産した赤ん坊を別の夫婦に託すことにした。赤ん坊の顔は、生後一週間ほどで別れて以来、一度も見ていない。

書類でつながる他人

現在、いずみは二十六歳になり、知人が経営するエステ店で働いている。四年にわたって同棲している男性もいるが、籍は入れていない。

彼女は言う。

「子供を特別養子に出した後、いろいろと考えて、私は母親になる資格がないんだっていう結論に達したんです。妊娠した時は家族がいたらいいなって思ったけど、よく考えたら、私って親から愛情を受けた記憶がなければ、家庭がどういうものか知らない。そんな人間が、ただ家族がほしいっていう理由だけで子供をつくっちゃダメじゃないですか。あと、結婚したところで、相手と何十年もつづけていける自信がない。離婚したら、親はいいですけど、子供が苦労することになりますよね。私のお母さんみたいにいなくなるか、お父さんみたいに子供を施設に預けるかでしょ。子供は何の罪もないのにそうなったらかわいそう。

施設にいた時、そんなふうにして生まれてきた子供たちをたくさん見てきたんです。だから、同棲とか結婚とかをすることはあっても、二度と子供をつくることはないと決めています」

同棲している男性も、それには同意しているという。

「今の彼氏も、親やきょうだいの問題に悩まされてきてるんで、そこらへんのことは理解してもらって、お互い『子供はいらないよね』って言ってます。彼も親になることにこだわりとかがないみたい。だったら、私たちが誰にも迷惑をかけずに好きなように生きていればいいんだと思います」

話を聞いていて感じるのは、いずみが家庭を持つことに憶病になっているところだ。高校一年までの彼女の生活を聞く限り、彼女には社会で生きていく能力もあれば、分別も持ち合わせている。だが、家庭というものを知らないということに対しては過大なほどの劣等感を抱いており、結婚や出産ということに萎縮してしまっているのだ。そこには、彼女自身の家庭に裏切られつづけてきた過去が大きく影響しているのだろう。

今、彼女は家族についてどう思っているのか。

「お父さんについては、もうどうでもいいかなって感じです。今は病気をしていて生活保護を受けているみたいです。何度か会いましたけど、その度に口喧嘩《くちげんか》になっちゃうので、もう会わない方がいい。嫌な思いをするだけだから。

弟は二人とも結婚して子供がいます。一人はバツイチ。弟のことはお父さん以上によくわからないです。弟たちも私のことを姉という感じはないみたい。弟の嫁とか、甥《おい》や姪《めい》には会ったことないです。弟たちも会わせたくないでしょうし、私も別に会いたくないですから。やっぱり他人なんですよね。

お父さんや弟たちとは結局、戸籍上の家族でしかないんだと思っています。書類ではつながっているけど、感覚的には他人。だから、これからどうなるということもないでしょうし、もし誰かが死んでも葬式に出たり、お墓参りに行ったりってことはないと思います」

血がつながっていたとしても、子供時代を同じ空間でそれなりのかかわりをもって暮らしていなければ、家族という結びつきはなくなってしまう。いずみのように、小学校、中学校、そして高校時代の一部を家族と隔絶して暮らしていれば、家に帰ったところで親きょうだいとの関係を再構築するのは非常に難しいのだろう。

児童相談所にしても、児童養護施設にしても、可能ならば子供を家族のもとに帰してあげたいというふうに考えている。だが、その期間が長くなればなるほど、家族としてのつながりが揺らいでしまうのは当然だ。そして子供の胸に残るのは、家庭を知らないという劣等感なのである。

ケース㉑ セクシュアルマイノリティーの告白

森永《もりなが》リオは、ハーフの女の子として生まれ育った。母親は日本人女性、父親がトルコ人であり、目鼻立ちがくっきりとして、幼い頃から「お人形さんみたい」と言われてかわいがられてきた。

だが、トルコ人の父親は、リオが三歳の時に離婚して故郷へ帰ってしまった。母親はスナックで働きながら数年間シングルマザーとしてリオを育てるものの、独り身のつらさもあったのだろう、店で知り合った五十代の日本人男性と再婚。リオをつれて、彼の家に入るような形で再婚生活をはじめた。

最初、生活はそれなりに順調にいっていた。だが、小学四年生の終わりに、リオの母親が心を病んで寝たきりになってしまった。もともとうつ病の気があったところに、実母が急死するということが起き、精神的に参ってしまったようだ。母親はベッドから起き上がることもできなくなり、寝室に引きこもっていた。

義父からの性的虐待がはじまったのは、それからしばらくしてからのことだった。母親が寝たきりになったのをいいことに、夜な夜なそっとリオの布団にもぐり込んでくるのだ。幼いリオは恐怖で金縛りにあったように抵抗できなくなり、毎晩のように未熟な体を弄《もてあそ》ばれた。

リオはこの時の心情を次のように述べる。

「ママに言っても、自分の病気のことで精一杯で私どころじゃなかったし、そもそも信じてくれないだろうって思ってました。学校の先生へ相談するっていうのは最初から選択肢としてなかったですね。恥ずかしいというのもあったけど、信頼していなかったんだと思います。でも、あいつ（義父）がいなければ、私もママも生活していけないじゃないですか。だから黙って我慢していたんです」

リオは小学校低学年の頃から、ハーフであることを口実に度々いじめにあっていたことから、友人やその親に助けを求めることもできなかった。

毎晩くり返される性的虐待に、リオの心は限界に達していた。小学六年生の終わりから、彼女はリストカットをはじめる。彼女はその時の心情を次のように語る。

「なんか心の中に黒い煙みたいなものが広がって飲み込まれそうになることがあるんです。そんな時にあわてて手首を切ってました。死にたいっていう気持ちより、切って痛みを感じたら、煙みたいなものから脱出できるんじゃないかって。なんかよくわからないけど、そんなことが月に何回もあったんです」

彼女にとってリストカットは、ストレスで心が破裂しそうになった時に行う「ガス抜き」のようなものだったのかもしれない。

義父からの性的虐待を打ち明けると

状況が変わったのは、中学一年の頃だった。リオはようやくできた友人にポロッと義父から性的虐待を受けていることをほのめかした。すると、その友人が親に言い、そこから教師につたわった。教師はリオの親に確認を取ろうとしたが、連絡がとれなかったため、児童相談所へ通報した。

ある日、リオが教師から呼ばれて別室へ行くと、そこに児童相談所の職員が待っていた。リオはそこで事情をすべて打ち明けた。児童相談所側は問題が重大だと判断し、病気の母親と今後の相談をした。事実を話した上で、保護の必要性をつたえたのだ。だが、母親は次のように答えた。

「夫はそんなことをする人じゃありません！　もし本当だとしたら、リオが夫を誘ったのでしょう。私はリオのことを信用していません。もしあなたがたが保護したいのならば、施設でもどこへでもつれて行って」

母親は夫を信じ、リオが嘘をついたと主張したのだ。なぜ、彼女が娘を守ろうとしなかったのかはわからない。だが、リオはこの母親の言葉がきっかけとなり、児童養護施設へ送られることが決まった。

児童養護施設は、実家から少し離れたところにあり、中学校も転校することになった。中学では、リオが住んでいるところが施設だというのは知られており、ここでもいじめの標的となった。

リオは語る。

「田舎《いなか》の学校だったので、いじめはひどかったです。ハサミで髪を切られるとか、男子の先輩に下着の中に手を入れられるとか普通にありましたから。施設の中でもいじめはありましたよ。特に女子の先輩からあった。トイレで裸にされたり、石鹸《せっけん》食べろとか言われたりした。その頃からですかね、女として生まれたことに罪の意識みたいなのを抱くようになったのは。女に生まれたからこんなひどい人生なんだって思って、中三の時はオーバードーズ（薬物の過剰摂取）で自殺を図ったこともありました」

義父から性的虐待を受けていたことに加え、学校や施設で性にかかわるいじめにさらされたことで、リオは自らの性に対して違和感を抱くようになっていったのだろう。

オーバードーズを起こす前に、彼女は発作的に髪を切って坊主頭にしたことがあった。女であることが嫌になり、その象徴とも言うべき髪を自ら切り落としたのだ。施設の職員に言われてウイッグを被ることになったが、それほど女性であることに強い抵抗感があったのである。

進む男性化

中学を卒業後、リオは地元の高校へ進学したものの、新学期開始からわずか一週間後に施設を抜け出した。「何もかも嫌になって一人で生きていきたくなった」のだという。

だが、十五歳の女の子ができることは限られている。彼女は自由を手に入れる代償として、食事代と寝る場所を手に入れるために、インターネットをつかって援助交際をしなければならなかった。

最初は生活のためと自分に言い聞かせていたものの、そもそも女であることが嫌なのに援助交際をするというのは無理がある。そのストレスからだったのだろう、半年ほどしてリオは駅のトイレで大量の錠剤を飲んで二度目の大きな自殺未遂を起こす。救急車で運ばれ胃洗浄を受けて一命を取り留めた。

リオは施設へもどって高校へ行くか、仕事を見つけて自立するかの選択を迫られた。母親が引き取りを拒絶していた以上、どちらかを選ばなければならなかったのだ。リオは施設では二度と暮らしたくなかったため、ホテルで住み込みの仕事をはじめることにした。

しかし、ホテルの仕事も長くはつづかなかった。人間関係がうまくいかず、半年ほどで逃げ出したのだ。これからどうやって生きていくべきか。リオはこの時の悩みについて、次のように語る。

「ホテルから逃げ出した時、また援交（援助交際）をしなきゃならないのかって思ったらどんよりしちゃいました。セックスが本当に嫌だったんです。なんで、もう絶対に援交はしないって決めて、男と対等に渡り合っていくために鳶《とび》の仕事を探したんです。だって、鳶職だったらバカにされないで済むじゃないですか」

彼女は求人サイトに載っていた会社に片っ端から連絡し、女性でも雇ってくれるところを見つけた。そして髪を刈り上げ、住み込みで働ける会社に飛び込んだ。

最初の会社は半年ほどで辞めたが、これ以降も建築現場の仕事を転々とした。彼女は仕事だけでなく、プライベートでも作業服を着て、男性のような格好をしつづけた。そうすることで自分を守ろうとしたのかもしれない。

そのうちに、リオは性自認（自分の性別を認識すること）までも男性化していく。しゃべり方は男性言葉になり、飲み屋で知り合った女性と付き合うこともあった。やがて、昼は建築現場で働き、夜はミックスバーで働くようになった。ミックスバーとは、ニューハーフ、熟女、ゲイなど様々なセクシュアリティの人たちがごちゃ混ぜで働く店であり、彼女はそこで「おなべ」として勤めていたのである。

別人として生きる

私がリオにインタビューをした時、リオはジーンズにTシャツにバンダナというういで立ちで現れた。腰にチェーンをつけ、自らのことを「自分」と呼んで男性として振る舞っていた。

リオは自分の性についてこう語った。

「今は〝おなべ〟っていう認識ですね。たぶん、小学生くらいの頃は女性って認識だったと思うんです。好きな男の子とかもいましたから。でも、やっぱり養父の虐待とか、いじめとか、援交の嫌な思い出があって、なんか女であることがすごく嫌になった。自分がおなべになったのは、そういう過去があったからだと思っています」

ただ、今のところ性転換手術を受けたり、男性ホルモンを処方してもらうことまでは考えていないそうだ。肉体的なところで、体に負担をかけてまで男性になりたいとは思わないのだという。

「自分でも思うのは、本物のおなべとはまたちょっと違うのかなっていうところですね。どちらかといえば、男でも女でもない感じなんですよ。ただ今は女であることがイヤだから、おなべとして生きているって感じ。手術とかにまで踏み切らないのは、そういうこともあると思います」

インタビューの間、リオは二度にわたって起こした自殺のことをくり返し語っていた。

「この時、自分は死んだんです」とも言っていた。

性的虐待、援助交際の苦しさから起こした自殺未遂。それは、リオにとって女性としての自分と決別する行為だったのかもしれない。彼女の肉体は死ななかったが、女性の部分は殺されたのだろう。

リオはこんなことも言っていた。

「今なら母さんを守れると思うんです。施設へ行った後、数えるくらいしか会っていませんけど、もし今あいつ(義父)の家でつらい思いをしているなら、自分が守ってあげたいなとも思う。お金はないけど、守るだけの力はあると思うから」

自分を守ってくれなかった母親を、なぜリオは守ろうと思うのだろうか。そんな質問に対してこう答えた。

「あの人はあの人で苦労したと思うと、恨みを抱く気持ちにはなれないんです。実の親だからですかね。だから、もし守ってくれって言われたら、守ってあげたいんですよ」

リオは傷つけられた女性としての自分を捨てることで、別人となって生きることを選んだのかもしれない。だからこそ、リオは母親を恨むというより、男性として母親を救ってあげたいと考えるようになったのではないだろうか。

ケース㉒ 母親を見捨てられない

坂麻友《さかまゆ》は、母親の真理子《まりこ》に育てられた記憶がない。物心つく前に育児放棄されたためだ。

祖父母の話によれば、母親の真理子は小さな頃から素行が悪くて有名だったそうだ。人の言うことを聞かず、気に入らないことがあれば暴れたり、嚙みついたりする。小学校の高学年の頃からそうした悪行が顕著になり、中学に進学してからは非行に走って、警察に何度も捕まり、高校もすぐに中退してしまったという。

十六歳の時に家を出て行ったが、十八歳で臨月のお腹を抱えて帰ってきた。真理子はこう言った。

「男に逃げられた。もう臨月だから産むしかない。しばらく家で暮らす」

水商売をしており、そこで知り合った男性との間に子供ができたものの、彼は出産前に行方をくらましてしまったらしい。こうして生まれたのが、麻友だった。

真理子は麻友を出産してから数カ月はおとなしくしていたが、やがて夜の街で働くと言って麻友をつれて実家を去っていった。

だが、半年も経たずに問題が起こる。ある日、実家に児童相談所の職員がやって来て、こうつげた。

「真理子さんは、娘の麻友さんを虐待していました。本人は自分で育てたくないと言っていますので、ご実家で引き取っていただけないでしょうか。それが無理であれば、施設に預けることになります」

引っ越し先のアパートで、真理子は麻友を育児放棄していたばかりか、顔を合わせれば手を上げていたそうだ。通報によってそれが明らかになり、児童相談所が麻友を一時保護したという。

だが、麻友の祖父母は家計が楽でない上、年齢的にも厳しいという判断で引き取りを断った。麻友は乳児院に預けられ、そこから児童養護施設へと入ることになった。

母親の真理子は施設への面会にまったく行かなかったので、祖父母や麻友の叔母にあたる晶子《あきこ》が代わりに行っていた。孫や姪に少しでも愛情を注いであげたかった。

小学校に上がって、麻友の様子に異変が起きる。体中をかきむしって、血だらけにしてしまうのだ。祖父母や晶子が面会に行く度に、腕に包帯が巻かれているような状態で、首や足にも生傷が絶えなかった。職員の説明によればストレスによるものだという。

——きっと家族と離れ離れに暮らしているせいだろう。

叔母の晶子はそんな麻友をかわいそうに思い、麻友が小学三年生の時に施設から引き取ることにした。晶子も最初の結婚に失敗し、二度と家庭は持たないと誓って実家にもどっていたこともあって、姉の代わりに親代わりになりたいという気持ちがあったのだ。

やって来た「実母」

実家に引き取られ、祖父母や晶子と暮らすようになった時の気持ちを、麻友は次のように回想する。

「晶子さんがお母さん代わりでしたね。施設にいた時から月に何度も面会に来てくれていましたし、実の母より顔を合わせている回数はずっと多いので、私にとっては自然でした。『晶ちゃん』って呼んでましたけど、気持ちはお母さんに対するそれでした。

家に移ってきてからの暮らしは幸せでしたよ。晶子さんは母親っぽく厳しく接してきましたけど、おじいちゃん、おばあちゃんからは甘やかされたかな。習い事もいろいろとやらせてもらいました。エレクトーン、お習字、スイミング。同級生とくらべても、手を掛けてもらった方だと思っています」

だが、麻友の肌をかき壊す癖はなかなか治らなかった。それは、その頃から、実母の真理子が度々実家に顔を出すようになったからだ。

真理子は、実家に麻友が引き取られたと聞くと、たまに思い出したようにやって来ては麻友を外へつれ出した。後で聞いた話によれば、働いていたスナック、友人との飲み会、恋人の家などへ行っていたようだ。

麻友はそこでのことをほとんど記憶していないが、「(真理子やその友人たちが)怖かったことだけは覚えている」と語る。祖父母や晶子の話では、麻友が繁華街に一人で置き去りにされて警察に保護されたり、叩かれて顔中を腫らして帰ってきたりしていたことがあったそうだ。

おそらく、気の向くままに子供を連れ回し、思い通りにいかなければ置き去りにするか、手を上げるかしていたのだろう。小学五年生になって皮膚をかき壊す癖はおさまったが、今度は円形脱毛症に悩まされることになった。

麻友は真理子のことを「実母」と呼んでおり、次のように言う。

「実母のことは好きになれなかったし、怖いという印象しかありませんでした。でも、いつか実母のもとに帰されるかもしれないという思いがずっとあって、理解しなくっちゃという気持ちがありました」

真理子はそんな麻友の不安など想像したことさえなかっただろう。

私は嫌な存在なのか

麻友が小学六年生の時、またもや真理子の無責任な行動によって家族の関係が揺らぐ。

真理子が未婚のまま、男の子を産んだのだ。彼女はシングルマザーとして、その子を自分で育てることにした。

麻友にとってこれはショッキングな出来事だった。なぜ自分は捨てられたのに、弟は育てもらえるのかという思いがあった。

この頃を境に、真理子はパタリと実家に姿を見せなくなる。麻友は特に真理子が恋しかったわけではなかったが、来なくなったら来なくなったで、自分は嫌われているのか、何か悪いところがあるのか、どうすれば弟のように育ててもらえるのかという悩みに苛《さいな》まれた。

だが、真理子の方もうまく子育てができていたわけではなかった。ある日、真理子は息子とともに事故に遭う。幸い、二人はケガをしただけで命には別状がなかったが、これをきっかけに真理子は顔面を骨折して顔の一部が麻痺してしまい、水商売を辞めざるをえなくなった。生活は生活保護に頼り、幼い弟は施設に預けられた。

麻友は言う。

「高校に入ってから、私は実母のアパートへ行くようになりました。たぶん、あの人が弟を産まないで、元気なままだったら、普通に距離を置いて生きていったと思うんです。でも、あの人は私を捨てたくせに、弟を自分で面倒みようとしたじゃないですか。私はそれに対してなんでって思っていました。私ってそんな嫌な存在だったのかって。そんな中で、事故で障害を負って生活保護を受けることで、私より弱い立場になりましたよね。そこで、私はあの人を助けてあげれば、娘として見直してもらうっていうか、認めてもらえるんじゃないかって思ったんです」

真理子はアパートに麻友が来ることを歓迎しつつ、毎回のように福祉手当ではお金が足りないと言って、娘にお小遣いをせびった。麻友も真理子を助けて娘として認めてもらいたいという一心だったのだろう、会う度になけなしのアルバイト代を「生活費」として手渡した。

晶子は、そんな麻友の行動を何度も止めた。晶子はこう言った。

「真理子は、あなたのことをいいように利用しようとしているだけよ。変な気持ちを持って近づいたら、あなたが損することになる。かかわっちゃダメ」

晶子は幼い頃から真理子の自分勝手な行動に翻弄《ほんろう》されてきたことで、彼女の正体を見抜いていたのだ。

しかし、麻友の耳にその忠告は入らず、アルバイト代を握りしめてアパートを訪れた。真理子は相変わらず「生活が苦しい」と愚痴《ぐち》を漏らしつづけていた。

そして麻友は求められるままに大きな決心をする。高校を卒業して地元の小さな会社に就職した後、アパートを借りて真理子と同居することを決めたのだ。実母の面倒を見ようとしたのである。給料は決して高くなかったが、節約すれば何とかなると考えていた。

この時の心情を麻友は語る。

「周りからは猛反対されました。でも、この時はなぜか実母が弱っているように見えたし、放っておけなかったんです。いい歳して、今さらながらお母さんがほしいという気持ちが膨らんだんです。あわよくば施設にいる弟のことも引き取って親子三人で暮らしたいとも考えていました」

裏切り

麻友の家族への憧れと期待は、短期間で裏切られる。アパートで一緒に暮らしはじめたものの、真理子は家事を何一つせず、ホームレスのような男を引っ張り込んできたり、家にあった麻友のアクセサリーをネットオークションで売ったりと好き勝手なことをはじめたのだ。

麻友は半年もたたないうちに、二進《にっち》も三進《さっち》もいかなくなり、晶子のもとへ相談に行った。晶子は厳しい口調で言った。

「今すぐ真理子を捨ててこっちに逃げてきなさい。そして、金輪際《こんりんざい》かかわらないと誓って。真理子は昔から家族を裏切りつづけてきたし、あなたには話せないこともくり返してきた。あなたが自分の幸せをつかみたいなら、真理子が母親であるということは忘れなさい。いいわね！」

そう言われたことで、麻友はようやく我に返ることができた。このままだと、自分だけではなく、自分を育ててくれた晶子にまで悲しい思いをさせると気づいて現実を直視することにしたのだ。

麻友は真理子が不在の間に荷物をまとめて実家に送り、アパートも解約した。母親との縁を完全に切ることにしたのである。麻友は語る。

「冷静にふり返れば、私は幼い頃に実母に捨てられてよかったんだと思います。実母と一緒だったら虐待されつづけていたし、思春期も大きなダメージを受けていたはずです。晶子さんやおじいちゃんやおばあちゃんは、そんな状況から救ってくれました。

そういう意味では、私は『捨てられる』ということはかならずしも悪いことじゃないと思っているんです。もっともそのことを学ぶために、それなりのお金を費やしてしまいましたけど」

捨てられることは悪いことではない。むしろ、自分にとってはよかったのだ。

麻友はそのように自分の運命を肯定するために十代の半ばから終わりにかけて真理子とかかわりつづけたのかもしれない。家族への期待をことごとく裏切られたことで、ようやく自分のために人生を歩んでいこうと考えられるようになった。

現在、麻友は二、三週間に一度のペースで、施設に暮らす弟に面会へ行っているという。まだ小学校の低学年だが、幸い事故による後遺症は残らず、健康に学校へ行っているそうだ。

麻友はいつか弟を引き取りたいと思っているが、晶子からは「そうすればお嫁に行けなくなる」と心配されている。晶子の意見をもっともだと思う一方で、姉として、罪もない弟まで見捨ててしまっていいのかどうか、今なお葛藤があるという。

第八章

救いの手はどこに

実親と暮らせない子供は四万人

親は精神疾患や家庭環境など複合的な問題を抱え、育児困難に陥ったり、虐待をしたりして、最終的に子供を手放すことになる。そのプロセスは、これまで見てきた通りだ。そこからは本人たちですらどう脱していいかわからないような複雑な状況を見ることができる。

日本には、実親の元で暮らせない子供の数が約四万人いるとされている。親族が引き取ることができない場合、代わりに彼らを保護しているのが、全国の児童福祉施設やＮＰＯなどだ。

児童相談所の介入によって子供たちは乳児院、児童養護施設、グループホーム、里親のもとで生活するか、普通養子あるいは特別養子として別の家庭の子供として生きていくことになる。その他、夫からの家庭内暴力によって逃げてきた妻子を支援するための母子生活支援施設などもある。取材では、主にこれらの施設を介して、様々なケースの親や子供を紹介してもらい、インタビューをすることで、問題の構造を明らかにしてきた。

おそらく読者の多くはこうした現実を突きつけられ、途方に暮れるような気持ちになっているのではないだろうか。実は、施設で働く人たちも同じなのである。家族が抱えている問題は千差万別であるため、それぞれに適した対応をしなければならない。だが、問題が複雑なぶん、想定外のことが日常茶飯事のように起こるし、取り組みが徒労に終わることもある。

書籍としては本来それなりの成功事例を紹介して、ある意味「気持ち良い読後感」で最終章を終えることを目指すべきかもしれない。だが、現場にいる人たちの話を聞けば聞くほど、それをすれば逆に現実と乖離《かいり》してしまうという実感もある。

それゆえ、最後は取材でお世話になった施設とＮＧＯの中から一つずつ選び、彼らが直面していることを紹介したいと思う。

ケース㉓ 児童養護施設が明かす親子再統合の困難

——親と子供は、一緒に暮らすべきだ。

日本における児童相談所に対する通報件数が年間十三万件を超える一方で、児童福祉の世界にはそんな考え方が根強くある。親子を引き離す側の児童相談所にも、受け入れて養護する側の児童養護施設にも、できれば親子が一緒に安心して暮らせる環境をつくってあげたいという思いがあるのだ。

こうした前提があるため、児童相談所や児童養護施設は、虐待などを理由に一度は切り離したとしても、明らかに修復不可能という状況でなければ、家庭環境の改善を図り、親子がリスタートできるような支援を行う。具体的には、医療や行政を介入させることで、親子が抱えている心身や家計の問題を解決し、生活を安定させる道筋をつけようとしているのだ。

児童福祉の現場では、このような支援によって親子を一つ屋根の下にもどすことを「再統合」と呼ぶが、決して簡単なことではない。それはこれまで見てきたように、親も子供も様々な問題を抱えており、何事も一筋縄ではいかないためだ。では、そこにどのような壁があるのか。

元児童相談所の相談員であり、現在は児童養護施設で心理士として働く田尾明美《たおあけみ》に話を聞いた。

児童相談所と児童養護施設

家庭に虐待があった場合、安全を守るために子供を引き離すのは、児童相談所の役割だ。

児童相談所は被虐待児童を一時保護所に住まわせ、短期間では問題を改善できないと判断すれば、児童を乳児院（二歳くらいまで）、あるいは児童養護施設（三歳から十八歳くらい）へ預けることになる。

かつて児童養護施設は「大舎《だいしゃ》」と言って二十人以上が暮らせる大きな建物がメインだったが、近年は国の方針もあって十二人以下で暮らせる「小舎《しょうしゃ》」、ないしは定員六名の「グループホーム」といった小規模の施設が増えてきている。

小規模施設が推奨されるのは、学校の寮のような大舎にくらべて、より家族に近い生活環境をつくれるというのが理由だ。六名以下であれば、子供たちはきょうだいのような関係を築けるし、職員も一人ひとりに寄り添うことができる。

ただし、現場の職員によれば、かならずしもそんな単純な構図で優劣を決められるわけではないという。

小規模の施設の距離の近さはメリットになる分、精神疾患や発達障害がある子供にとっては逆に人とぶつかりやすい環境になりかねない。そもそも人とつながれない特性があって周りと距離を置く方が安心できる子供にとっては、距離の近さがデメリットになってしまうのだ。

他方、大舎の方は人が多い分、多少問題があっても紛らわしてしまうだけの余地が残されている。誰かと仲が悪くなっても別の人と付き合えばいいし、コミュニケーションが苦手ならそういう人とだけ集まっていればいい。職員の数も多いので、信頼できる相手を選ぶこともできる。

また、大舎の中には歴史が長く、特定の職員が何十年も働いているところも少なくない。地元と密着して年中行事が開かれることもある。そうなれば、子供たちは施設を退所して社会へ出た後も、気軽に実家のように遊びに来たり、相談をしたりする雰囲気がある。

このように大舎と小規模施設をくらべてどちらがいいかというのは、その子供の特性によって決まるものなのだそうだ。

虐待を認めない——自分本位の親たち

現在、田尾が勤めているのは半世紀以上の歴史のある大舎制の児童養護施設だ。保育園児から高校生まで五十名以上の子供たちが暮らしている。

田尾によれば、この施設の子供はほぼ百パーセントの率で被虐待の子供だという。

「統計の上では、児童養護施設の子供のうち虐待を受けて入ってくるのは六割くらいとされています。でも、現場で見る限り、十割に限りなく近い率でネグレクト（育児放棄）をベースに、身体的暴力、性的暴力を受けています。

虐待が判明するきっかけは色々ですね。学校の先生が家庭訪問に行って家がゴミ屋敷になっているのに気がつく、健康診断で医師が体のアザや虫歯が放置されていたりするのを見つける、深夜徘徊《はいかい》をしていたところを警察が補導するとかです。

全体的には小学生以下で虐待が発覚するケースが大半で、学校、親類、近所の人たちからの通報がほとんどです。一方で、中学生、高校生で事態が明らかになる場合は、本人から訴え出てくることも珍しくありません。

こういう子たちは、幼い頃から何年もの間虐待に耐えてきたものの、高校入学にあたって親が学費を払ってくれないとか、突然親の行方がわからなくなったという事態にぶつかって、やむなく公的機関に相談に行って、これまで虐待を受けていたことを打ち明けるんです。長い間虐待を受けていたので心の傷も大きいですね」

一般的に、児童相談所は虐待が起きていることを把握すれば、子供を保護した上で、親との話し合いを行う。親に自分がやっていることは虐待なのだと理解させ、二度とそれが起こらないように適切な指導をする。虐待をした原因を明らかにし、何か問題があればそれを解決させ、再発しないように環境を整えるのだ。それで家庭が安全になれば、子供の保護を解いて親元に帰すことになる。

ところが、田尾によれば、親の中には自分が行った虐待を虐待と認めない人が少なくないそうだ。子供に手を上げて大ケガをさせているにもかかわらず、「これはしつけで、みんなやっていることです」と言い張る親。家をゴミ屋敷にしていても、自分なりにちゃんと後片付けをしているつもりで、「なんでこうなったのかわからない」と答える親。恋人の家に泊まっている間、幼い子供を何日も家に置き去りにしておきながら、しっかりと面倒をみていると主張する親。

おそらく親としては嘘をついてごまかしているつもりはないのだろう。これまで見てきたように、彼らは成育歴などから歪《ゆが》んだ考え方を持ってしまっていたり、病気や障害で客観的に考えることができなくなっていたりして、自分の行いが間違っていると認識していない。だからこそ、虐待を虐待として認めることができないのだ。

こうした親を説得し、考え方を改めさせるのは容易ではない。田尾は語る。

「残念ながら、多くの親には、自覚や責任感があまりありませんね。生活への意識にも乏《とぼ》しいです。自分のことで精一杯だったり、恋愛なんかに夢中だったりで、子供に目が向いていないんです。だから、子供の立場に立って物事を考えることをせず、その時々の思い付きで行動してしまう。

困るのは、子供が施設に入った後、こちらが子供のためを思って面会をお願いしたり、再統合に向けて準備をしたりしても、まったく協力してくれないことです。自分のことが優先されて、子供や施設のことは二の次になってしまう。そのため、親と子供の間に立っていろんなことを提案しようとしても、それを受け入れてもらえないのです」

こうした親たちは目先のことにとらわれていたり、児相や施設が子供の幸せを願って再統合に向けて努力をしていることに意識が向かなかったりするのだろう。

現在、田尾の働く施設には五十名以上の子供が預けられていると述べたが、そのうち常時連絡が取れる親は三割程度しかないという。つまり、七割の親が音信不通か、連絡をしたところできちんと応じてくれない状況なのである（ちなみに、実親が両方そろっている子供は一人もいない）。

親は連絡に応じなかった理由を問われると、その都度苦し紛れの言い訳をするそうだ。携帯電話を変えて番号が変わってしまった、引っ越したことをつたえるのが面倒だった、精神疾患がひどくて布団から起き上がることができない。こうした弁明があればまだいい方で、恋人をつくって消息不明になってしまっているようなケースもある。

「親としては施設に預けているんだから、自分は何をしたっていいという考えなのでしょう。でも、子供の考え方は違う。親に会いたいと思っているし、また一緒に暮らしたいと願っている。子供がそう願っている以上、私たちはある程度はそれを実現するために動いていく必要があります。

でも、さすがにこういう親を相手にすると、できることには限界がありますね。連絡をしても応じてくれない、連絡先さえわからないという状況では、私たちや子供が努力してもどうにもならないからです。結局、そういう親の無理解が子供をよりつらい状況に追いやってしまうんです」

子供たちの思いは

他方、施設の中で子供たちは親に対してどんな思いを抱いているのだろうか。田尾によれば、子供の年齢によって親に対する思いは異なるという。

十二歳以上の思春期になって保護された子供たちは、それなりに家で長い間虐待を受けてきている。物心ついた時から親に裏切られる体験を重ねていることから、親に何も期待しなくなっていたり、大きな恨みを抱いていたりする。年齢的にも数年すれば自立できるという状況にある。したがって、親と一緒に暮らすことを熱望する子は少なく、むしろ距離を置きたがるものだそうだ。

しかし、小学生以下で施設にやってきた子供たちは異なる。

未就学の保育園児くらいで施設につれてこられた子供は、家で親と過ごした記憶があまりない。保護された時にはまだ物心ついていなかったり、虐待とか社会的擁護《ようご》の意味が理解できなかったりすることもある。そうなると施設に来て少しすれば、ケロッと家に帰りたいと言いだす傾向にある。

小学生くらいの子であれば、虐待されたことの被害意識を持つものだ。だが、保護されて数年すれば、その記憶が薄れたり、虐待されたことは覚えていても痛みや孤独といった感情が霞《かす》んでいく。

このように小学生以下の子供の場合は、施設で守られて暮らす歳月が長くなればなるにつれて、親への思いを募らせていくらしい。時には、その思いが転じて、児相や施設が無意味に自分たちを縛り付けているのではないかと考えることもある。施設の職員は、こうした子供たちへの対応を求められる。

田尾の言葉である。

「小さな子供は一定の年月が経つと、再び家に帰りたがったり、今自分が置かれている状況に疑問を抱いたりします。そんな時は、施設と児童相談所とで協力しながら、子供に向かってきちんと自宅に帰れない理由をつたえる必要があります。その子のライフストーリーを年齢に合わせて定期的に説明するのです。こういうことがあって、今こういう状況だから、施設にいた方がいいんだよ、その代わり今後はこうしていこうねという具合です。もちろん、私たちの説明を一回聞いて納得する子ばかりではありません。口では『わかった』と答えても、心の中にモヤモヤが残っている子もたくさんいる。だからこそ、くり返しつたえなければならないのです」

それでも、こうした子供たちの親への思いや家に帰りたいという欲求は膨らんでいくものだ。特に思春期の子供たちは自由や流行に対する憧れがあるため、施設での生活を窮《きゅう》屈《くつ》に感じ、その反動で親に対する妄想を抱くようになる。実際はそうなるわけがないのに、「家で暮らせば親からスマホを買ってもらえる」「家であれば自由に外泊ができる」「酒や煙草を隠れてやる必要がない」と考え、親との生活を望むのだ。

田尾は語る。

「思春期の子供は家に帰ればいろんなことが良くなると考えますが、帰れないのには帰れないなりの理由があるんです。親が精神疾患を抱えている、暴力的性格が直っていない、経済的に受け入れる余裕がないとかです。だから、いくら子供たちが望んだとしても、じゃあ帰ってもいいよ、とは言えないんです。施設にいるより生活環境が悪化するのは目に見えていますから。

でも、子供はそういう客観的な判断ができません。同じ家に暮らしていればリスクを理解できますが、一カ月に一回とかのペースで親のいい面だけを見て、プレゼントをもらったり、親切な言葉をかけられたりすれば、『僕の親はやさしい人なんじゃないか』とか『経済力があるんじゃないか』と勘違いして家へ帰りたがるんです。

私たちとしてはくり返し本当のことをつたえて、現実はそうじゃないということをわかってもらうしかありません。でも、思春期の子に対して納得させるのはなかなか難しいですね。家庭を知らないからこそ、家庭というものに誇大妄想的な憧《あこが》れを抱いてしまっているからです。だからこそ、長い時間をかけてくり返し理解を求めていくしかありません」

子供たちの家族と暮らしたいという願望は痛いほどわかる。だが、無理やり帰ったところで、待ち受けているのは親の不条理な対応だ。すでに本書でも散々見てきたように、親から金ヅルとしか見なされなかったり、いいようにだまされたりして痛い目に遭ってからでは遅い。子供によってはそれが決定打となって人生が壊れてしまうこともある。

親子の「再統合」のために

とはいえ、田尾の勧める施設から親元に帰ることのできる子供は少数ではあるがいるという。施設はそんな親子をどのように再統合させているのか。

再統合への道のりは、主に児童相談所の「家族支援」というチームが中心になって施設の協力の下に行われる。まず、親に再統合の意志があり、それが「社会的常識」の範囲内で示されるかどうかが第一歩だ。

親が本当に子供と再び暮らしたいと考えていれば、定期的に面会に訪れたり、施設からの呼びかけに応じたりするだろう。だが、先述したように親の七割が常時連絡が取れる状態にない。また連絡が取れたとしても、多くの親が約束の面会をすっぽかしてしまう。

このような状態であれば、たとえ親が子供の引き取りを望んだところで、児相は親との信頼関係を構築することができず、子供を帰すわけにはいかなくなる。つまり、再統合のリストから外されることになる。

親が約束を守り、再統合の意志を示すことができれば、二番目のステップとして子供との関係を構築し直すことが求められる。親たちの大半は、子供との接し方はもちろんのこと、基本的な生活だとか、コミュニケーションの取り方というものをわかっていない。だから、児相や施設の職員が子供との遊び方から生活の仕方、それに言葉のつたえ方など親としての姿勢を教える。何も難しいことを学ばせるわけではなく、子供と一緒にシャボン玉で遊んだり、テーブルで向き合って食事をしたりといったことをさせるのだ。逆に言えば、親はそうしたことさえできないということだ。

この段階をクリアできれば、三番目のステップとして親と子供二人だけで外出や外泊をする練習へと移行する。施設の中で職員の管理下で一、二時間いるのとは違って、半日もしくは一日という長い時間を二人だけで共有することには様々な困難が伴う。必要以上に親が介入してしまったり、意見の相違からぶつかってしまったりといったこともあるだろう。そのため、外出や外泊が終われば、その都度親子にふり返りをさせ、何ができて何ができなかったかを明らかにして問題を改善していく。

通常、こうしたことを一年ないしは数年かけて行い、児相が「これで大丈夫」という判断をすれば、晴れて子供は自宅へ帰り、親と家族だけの生活をスタートさせることになる。ここまでくればある程度うまく暮らしていける可能性は高い。

しかし、現実には、ここまでこられる親は一部だ。田尾は言う。

「家に帰ることのできる子は一握りです。うちの場合だと、年に一人いるかどうかというところですかね。そのため、私たちとしては、あえて再統合に目標を設定しているわけではありません。家に帰ることができなくても、親子関係だけは修復させようとか、親の理解がまったくないのならば、むしろきちんと距離をとって生きていける方法を身につけさせようということを目指しているのです。

子供たちは数年、長くても十数年で社会に旅立っていきます。家族関係がどうなるにせよ、私たちとしては過去に足を引っ張られることなく、きちんと社会で自立して生きて、税金を払って生きていける大人になってほしい。そのために、今何をすればいいのかということに目を向けて働いているつもりです」

とはいえ、待ち受けている現実は厳しい。子供たちが虐待によって負った傷は、後々まで大きな悪影響をもたらすのだ。この施設で田尾が出会った卒業生五十人ほどのうち、二十五歳以上できちんとした仕事をして生きている人は数人しかいないそうだ。八割から九割は、水商売や日雇い労働を転々としながら、やがて連絡が取れなくなってしまうという。

「社会に出た後の子供たちを見ていると、やはり虐待が及ぼす悪影響の大きさを考えてしまいます。人から愛情を注いでもらっていなかったり、人間不信になっていたり、精神的に病んでしまったりしていて、社会に適応していくことができない子が少なからずいるのです。

もどかしいのは、施設としても卒業した子たちをずっと支援できないことです。制度上そうなっていることに加えて、次々に新しい子供がやってくるので、そちらに対応するので精一杯なんです。本当は十八歳やそこらで社会に出た子たちをもうちょっとサポートできればいいんですけど」

子供たちが抱える問題は、時として子供たちが親になった時に虐待の連鎖という形で現れることがある。そのような負の連鎖を断ち切るためには、傷を負ったまま社会へ出て行かされる彼らを何かしらの形でサポートする仕組みが、今以上に必要だろうというのが田尾の意見だ。

施設を出た後のサポートは少しずつ行われるようになってはいるが、まだまだ社会の理解や法制度は整っているとは言えない。それをかなえていくには、田尾のような児童福祉の専門家だけでなく、一般の人がそうした問題と現実に目を向けて、直接的にでも間接的にでもかかわっていく必要があるだろう。

ケース㉔ 特別養子縁組

親の元で育てられなかった子供たちの受け皿は、施設による養護の他に、普通養子や特別養子の制度をつかったサポートがある。ケース⑤やケース⑳など、これまで度々見てきたように、養親となる夫婦が、実親の代わりに子供たちを引き取り、育てていくというものだ。

特別養子は、主に六歳未満の子供が対象となり、裁判所を介して実親との法的な親子関係を解消し、養親に引き渡す制度だ。戸籍の「父」「母」の欄に養親の名前が記載されるなど、ほぼ実子として育てられることが特徴だ。子供のいない夫婦にしてみれば、生まれたばかりの子をほとんどゼロから育てることができるというメリットもある。

この特別養子縁組を、日本全体に広めていこうと取り組んでいるのが、日本財団の「ハッピーゆりかごプロジェクト」だ。これまで日本には特別養子縁組の支援をする民間団体が複数あったが、それぞれがバラバラに動いている状態だった。このプロジェクトでは、そうした団体に呼びかけ、協力できることは協力しながら、特別養子縁組の普及活動を行っている。

事業の担当者である高橋恵里子《たかはしえりこ》は語る。

「特別養子縁組の制度は、子供の将来を考えれば非常に重要なものです。国連のガイドラインにも、実親と子供が暮らせない場合は、養子縁組や里親制度によって別の家庭で育てられるのがふさわしいと書かれています。特に三歳になるまでは育ての親が必要なのです。でも、日本は欧米に比べると、特別養子縁組の普及が進んでいなかった。これをなんとかできないかと思ってはじめたのが、このプロジェクトだったのです」

プロジェクトには多くの団体が加わっているが、その一つ「ベアホープ」の取り組みを見てみたい。

養親の条件

ベアホープは、東京都東久留米《ひがしくるめ》市に事務所を置く一般社団法人だ。予期せぬ妊娠をした女性への支援、養親を希望する夫婦への特別養子縁組から育児などのフォロー、実親の出産サポートなどを行っている。

ベアホープが実母とつながるのは主に電話やメールによる妊婦向けの相談窓口だ。ここに年間三百件ほどの相談が入る。内容は、「妊娠したかもしれない」とか「中絶を考えている」など様々だ。窓口ではケースワーカーなどが対応し、個々の問題解決に向けて取り組んでいくが、一部の妊婦は中絶可能な時期を過ぎるなどして、育てることができないのに、出産せざるをえない状況に置かれている。

そんな時、ベアホープが解決策の一案として示すのが特別養子縁組制度だ。実母が育てることができないのならば、子供のいない夫婦に特別養子として引き渡し、代わりに育ててもらってみてはどうかというのだ。本人に決断は任されるが、年間二十五件ほどの特別養子縁組を仲介しているという。

一方で、ベアホープは、インターネットのホームページなどを通じて特別養子縁組を成り立たせるために養親を募集している。法律の上では夫婦の一方が二十五歳以上であり、共同で縁組をすることが条件だが、それ以外にも余裕を持って子育てができるだけの収入や家庭環境が整っていることが条件となる。

応募者の大半が不妊症などで子供ができず、特別養子縁組によって実子と同じように赤ん坊の頃から育てていきたいと考えている三十代～四十代の夫婦だ。ベアホープは応募者の中から適していると見なした夫婦を選び、細かな指導を行った後に、「待機家庭」になってもらう。そして、実親から特別養子に出したいという要望を受けた時点で、待機家庭の中から養親を選んで引き渡すのだ（その他、児童相談所や病院から特別養子縁組をさせたいという相談があり、待機家庭をマッチングすることもある）。

団体の職員は言う。

「実親が子供を育てるに越したことはないと思っています。でも、それを望まない、できない親というのはいますので、そういう方々に特別養子縁組の支援をするのが私たちの役割だと思っています。親が子供を特別養子に出す理由は様々です。多いと感じるのが、若くて家庭を築けるだけの経済力がないとか、風俗で働いていて父親に確証が持てないといった女性たちです」

団体を通して二度にわたって赤ん坊を特別養子に出した女性がいる。風俗店で働く二十代の半ばの女性だ。

彼女には知的障害があり、精神疾患も患っていた。母親が風俗で働いていて、彼氏が風俗店を経営していた。ハローワークで職探しをしたが、障害者であることからなかなか希望に合う仕事が見つからず、自分も風俗で働くことにした。

風俗の仕事は、彼女には合っていたそうだ。お金も儲かるし、人からもちやほやされる。彼女は風俗が天職だと考え、一生風俗で働くつもりなのだという。ただ、そうすれば赤ん坊を育てることはできない。そのため、彼女は二度にわたって団体を通じて産んだ赤ん坊を特別養子に出したのだ。

「彼女は自身の価値観の中で、風俗の仕事をつづけたいと考えていました。人生の理想がそこにあるんです。そうなると、私たちはそれに対して頭からダメだ、育てなさい、とは言えませんよね。ならば、せめて育てられない赤ちゃんだけでも特別養子縁組をさせて、きちんとした家庭に預けたい。そう思って特別養子縁組のサポートをしているんです」

本書で見てきた女性の中にも、個人的な事情で子供を特別養子縁組に出した人がいた。周りからすれば身勝手だと批判されるかもしれないが、本人に育てる気がない以上、育てたいという意志と環境がある人に引き渡すことも必要だろう。

なぜ施設養護よりも家庭養護なのか

ところで、なぜ今、特別養子が注目されているのか。その理由を、実際に乳児院から子供を引き取ったことのある職員は次のように述べる。

「乳児院の職員は一生懸命やってくれていますが、家庭での育児とは細かなことがまったく違うんです。たとえば、家庭では親がキッチンで料理にとりかかると、いい匂《にお》いが漂《ただよ》ってきますよね。すべての料理が終わるまで一時間なら一時間待って、ようやく子供のもとに届きます。でも、乳児院では異なります。乳児院の食事は業者から届くので、定時にカートに載《の》せられて運ばれてきます。子供たちにしてみれば、いい匂いがしたと思ったら、すぐに栄養満点の食事が与えられるのです。

この家庭と乳児院の違いは、子供の心に大きな影響を与えます。家庭で育った子供は食事ができるまで待つということを知ります。炊飯器から湯気が立ち、お鍋がグツグツと煮え立つ音を聞いて、いろんなことを想像しながら食事が完成するのを見守る。でも、乳児院の子はそうじゃないんです。彼らはいい匂いがしたらすぐにご飯を食べられるものと思っているので、何分も待たされることに我慢することができない。炊飯器やお鍋でご飯がつくられるのを見たことがないし、きちんとスプーンやフォークが用意されていなければパニックになってしまう。

私が乳児院から引き取った子がまさにそうでした。乳児院から来たばかりの頃、いい匂いがしてもすぐにご飯が食べられないので、パニックになって暴れて、そのまま床に倒れてしまうんです。

施設と家では生活環境もまったく違います。乳児院ならテーブルの角にやわらかいゴムがついていたりしますが、うちは普通の家庭なのでそんなものはありません。それで肩を激しく打ち付けて骨を折る大ケガをしました。また、洗濯機を見たことがないので中に入って遊んでしまう、煙草を見たことがないので食べようとしてしまうといったこともありました。

さらに言えば、病気の大人を見たことがないので、どう接していいのかわからない。乳児院では職員が風邪をひいたら休みますが、家庭ではそうじゃないですよね。そういう経験がないので、病気の親を見ても何が起きたのかわからずにオロオロしているだけなのです。

このように家庭を知らずに、施設で育つと、細かな常識が抜け落ちてしまいます。それが後々社会の中での生きにくさにつながるのは目に見えています。そういう意味では、家庭で育てることに越したことはない。私たちが特別養子縁組を施設での養育より勧めるのは、そうした理由からなのです」

特別養子縁組の制度を利用すれば、生まれた直後から養親のもとに引き取られるので、それなりの常識が身についたり、愛情を注いでもらったりすることができる。施設養護より家庭養護に注目が集まっているのは当然のことだといえるだろう。

しかし、特別養子縁組の件数が増えるにつれて、別の問題も生じるようになったという。その一つが、障害を持った子供の特別養子縁組だ。

急増する障害児の特別養子

本書で度々登場した特別養子縁組支援団体のＢａｂｙぽけっとの代表・岡田卓子《おかだたかこ》によれ

ば、ここ数年で障害のある子供を特別養子に出すことが急増したという。

長年、特別養子の支援に携《たずさ》わってきたが、それまではごく稀にあるという程度だった。だが、近年は出生前診断で異常がある可能性を指摘されたものの産まなければならなくなったとか、産んでみたら子供に障害があることが発覚したことから、Ｂａｂｙぽけっとに連絡をしてきて「育てられないので引き取ってほしい」と言ってくるケースが増えた。

驚くのは、出産前に問い合わせがあることだ。岡田は語る。

「ダウン症の子が生まれたので特別養子に出したいという依頼が増えました。ご両親がダウン症の子の育児を負担だと思うか思わないかは自由ですよ。でも、何カ月か育ててみてムリだという結論に至るのならわかるのですが、出生前診断の結果を見たり、保育器越しに何回か顔を覗《のぞ》いたりしただけで、育てられないと言って投げ出すのはどうなんでしょうかね。目に見える障害だけで判断しないでほしいというのが本音です」

岡田によれば、ダウン症の子供は人懐《なつ》っこさがあるし、親がしっかりしていれば一人前に育つという。家に障害児がいることで、家族みんなが団結することもある。これは私の周りのケースを見ていてもそうだ。

また、生後すぐにわからなくても、何年かして障害が判明するケースも少なくない。その場合、大半の家族が育児放棄することなく、我が子をかわいがって育てるものだ。そうしたことを考えれば、岡田がなぜろくに育てることもせずに、生まれてすぐに目に見える障害があるというだけで特別養子に出すのかと憤《いきどお》る気持ちもわかる。

子供を手放す親、どんな子供でも引き取る親

岡田はこうした障害児を何度も引き取ってきた。彼女にとっての救いは、こうした障害児を特別養子に迎える夫婦がいることだ。

Ｂａｂｙぽけっとでは、不妊症の夫婦が会員となる際には、かならず「どんな子供であっても引き取る」という誓約書にサインを書いてもらう。本来親はお腹に宿る子供を選べないのならば、養親も同じであるべきだという強い信念によるものだ。だからこそ、岡田は事前の説明会や面接の際に、障害があっても必ず育てるようにと言っている。

それでも会員の中には、事前の約束を破って、ダウン症と聞いて引き受けを断る人もいるそうだ（断った場合、会員資格を剝奪《はくだつ》される）。これまでも、障害のある子供を渡そうとして、「普通のクラスに入れない子は無理です」「実家の方から止めろと言われてしまいました」と言って断られたことがあった。

一方で、喜んで引き取る夫婦もいる。岡田は言う。

「その夫婦は、ずっと不妊治療で大変な思いをしてきた人たちでした。最後は海外で代理母出産まで試みたんですが、子供を授かることができず、うちの会員になったんです。この夫婦にダウン症の子を引き取ってくれるよう電話をかけたところ、こんな答えが返ってきました。

『ありがとうございます。私たちはどんな赤ちゃんだって大歓迎です。私は病気の子さえ産めないんですから』

涙が出るほどうれしかったです。この子は絶対に幸せになると思いましたね」

この親以外にも、「兄がダウン症だったので、うちは障害があっても気にしません」とか「親に話したら、おまえだって障害があるかもしれないって医者から言われて生まれてきたんだぞって教えられました」と言って引き取った夫婦がいたという。ダウン症だからという理由で子供を手放す親もいれば、逆に広い心で受け入れて我が子として育てる親もいるのだ。

岡田は言う。

「親は子供を産んだからといって親になるわけではありません。お金があろうとなかろうと、親になれない人というのはいるんです。そういう親が子供を育てられないのだとしたら、子育ての意志のある人に任せるべきだと思っています。私が取り組んでいるのは、まさにそういうことなのです」

世の中には親になれない大人や、育児に必要な常識が欠如している大人というのが一定数存在する。そういう親のもとに生まれた子供については、できるだけ早く愛情を注いでくれる夫婦に託すのは賢明だ。特別養子縁組の制度は、それを実現するための方法の一つといえるだろう。

国にとって育児困難や虐待の問題は、優先課題の一つになっている。

ただし、こうした問題は家庭のプライベート空間で起こるため、第三者による発見が極めて難しい。大きな問題に発展するケースであればあるほど、親自身が社会とつながっていなかったり、SOSを発信することが少なくなったりするため、国が通報を受けた時点で、子供を一時保護するしかない状況になっていることも珍しくないのだ。

国も通報を待っているだけでは、なかなか現状を大きく改善できないことをわかっている。ゆえに相談機関を多数設置し、啓発活動を行い、問題が重篤《じゅうとく》化する前に発見していこうとしている。

その一つとして、厚生労働省は虐待を起こすリスク要因を公表している。次は保護者と養育環境における、それぞれのリスク要因である。

○保護者側のリスク要因

・妊娠そのものを受容することが困難（望まぬ妊娠、十代の妊娠）。
・子供への愛着形成が十分に行われていない（妊娠中に早産など何らかの問題が発生したことで胎児への受容に影響がある。長期入院）。
・マタニティーブルーや産後うつ病等精神的に不安定な状況。
・元来性格が攻撃的・衝動的。
・医療につながっていない精神障害、知的障害、慢性疾患、アルコール依存、薬物依存。
・被虐待経験。
・育児に対する不安やストレス（保護者が未熟など）。

○養育環境のリスク要因

・未婚を含む単身家庭。
・内縁者や同居人がいる家庭。
・子連れの再婚家庭。

・夫婦関係をはじめ人間関係に問題を抱える家庭。
・転居を繰り返す家庭。
・親族や地域社会から孤立した家庭。
・生計者の失業や転職の繰り返しなどで経済不安のある家庭。
・夫婦不和、配偶者からの暴力等不安定な状況にある家庭。
・定期的な健康診査を受診しない。

ここまでお読みになった方は、これらを見てどう感じるだろうか。

本書で紹介した事例には、見事なまでにこれらのリスク要因が内包されていることがわかるはずだ。ただし考えなくてはならないのは、一つの事例が一つのリスク要因から起きているわけではなく、一つの事例に複数のリスク要因が混じっていることだろう。

本書の冒頭で、たくさんの事例を示すのは、一つの事象にどれだけ多くの要因がからみ合っているかを浮き彫りにするためだと述べた。目を向けなければならないのはまさにその点であり、何か一つのリスクを指摘して問題を単純化するのではなく、複雑な問題をどう社会全体で解決していくかということなのである。

現在、国や民間の各機関は、育児困難や虐待問題の解決のため、妊娠前の段階から家庭にどれだけのリスクがあるかどうかを調べ、危険だと判断したところに早めに介入し、支援を行う体制を取ろうとしている。具体的には妊娠中の段階から家庭環境を調べたり、社会から孤立しないように様々なイベントを催したり、地域の人たちの見守りを促したりしているのだ。

このような取り組みがうまく進めば、問題を減らしていくことにつながるだろう。しかし、同時に認めなければならないのは、これは国や民間団体だけの活動では限界があるということだ。彼らが目指しているのは、地域住民を含めての取り組みであり、それは私たち一人ひとりに期待されていることでもある。

隣人として、友人として、親戚として、ママ友として、会社の同僚として、それぞれがどう問題を抱えている人とつながり、解決への道のりを探り、行動に移していくかを考える必要がある。そうしなければ、地域での支援は名ばかりのものになってしまうのだ。

私が本書で問題をありのままに示し、その複雑さを考えるきっかけをつくろうとしたのは、そうしたことがあるからだ。もはや私たちは傍観者ではいられない。地域支援を担《にな》う一人として、育児困難や虐待のことを深く知り、自分の役割を認識していく必要があることを忘れてはならないだろう。

最後に、本書を執筆するに当たって取材に協力し、言いにくいことを語ってくれた方々に、心から感謝の言葉を送ります。ありがとうございました。

本書は「現代ビジネス」(https://gendai.ismedia.jp/)連載『育てられない母親たち』
(二〇一七年八月一五日~二〇一九年三月五日)を改稿し、書籍化したものです。

切りとり線

★読者のみなさまにお願い

この本をお読みになって、どんな感想をお持ちでしょうか。祥伝社のホームページから書評をお送りいただけたら、ありがたく存じます。今後の企画の参考にさせていただきます。また、次ページの原稿用紙を切り取り、左記まで郵送していただいても結構です。

お寄せいただいた書評は、ご了解のうえ新聞・雑誌などを通じて紹介させていただくこともあります。採用の場合は、特製図書カードを差しあげます。

なお、ご記入いただいたお名前、ご住所、ご連絡先等は、書評紹介の事前了解、謝礼のお届け以外の目的で利用することはありません。また、それらの情報を6カ月を越えて保管することもありません。

〒101-8701（お手紙は郵便番号だけで届きます）
祥伝社　新書編集部
電話03（3265）2310
祥伝社ブックレビュー　www.shodensha.co.jp/bookreview

★本書の購買動機（媒体名、あるいは○をつけてください）

＿＿＿＿新聞の広告を見て	＿＿＿＿誌の広告を見て	＿＿＿＿の書評を見て	＿＿＿＿の Web を見て	書店で見かけて	知人のすすめで

★100字書評……育てられない母親たち

名前

住所

年齢

職業

石井光太　いしい・こうた

ノンフィクション作家、小説家。1977年東京都生まれ。日本大学芸術学部文芸学科卒業。国内外の貧困、災害、事件などをテーマに取材・執筆活動を行なう。作品はルポ、小説のほか、児童書、エッセイ、漫画原作など多岐にわたる。著書に『「鬼畜」の家』（新潮社）、『虐待された少年はなぜ、事件を起こしたのか』（平凡社）などがある。

育《そだ》てられない母親《ははおや》たち

石井光太《いしいこうた》

2020年２月10日　初版第１刷発行

発行者……………辻 浩明
発行所……………祥伝社《しょうでんしゃ》
〒101-8701　東京都千代田区神田神保町3-3
電話　03(3265)2081(販売部)
電話　03(3265)2310(編集部)
電話　03(3265)3622(業務部)
ホームページ　www.shodensha.co.jp

装丁者……………盛川和洋
印刷所……………萩原印刷
製本所……………ナショナル製本

Printed in Japan　ISBN978-4-396-11596-8　C0236

〈祥伝社新書〉
この国を考える

508
憂国論 戦後日本の欺瞞《ぎまん》を撃つ
対米従属が加速、日本はますます「堂々たる売国」に向かっている
政治活動家 鈴木邦男
政治学者・思想史家 白井 聡

499
憲法が危ない！
改憲運動に半生を捧《ささ》げた理論派右翼はなぜ今、異議を申し立てるのか
鈴木邦男

351
英国人記者が見た
連合国戦勝史観の虚妄
滞日50年のジャーナリストはなぜ歴史観を変えたのか。10万部突破！
ジャーナリスト ヘンリー・S・ストークス

481
アメリカ側から見た
東京裁判史観の虚妄
「ヴェノナ文書」が明かす日米開戦の真実。アメリカで進む、歴史観の転換
評論家 江崎道朗

492
世界が認めた「普通でない国」日本
憲法9条は「ジャパニーズ・ドリーム」、天皇は「日本の良心」だ！
前・ニューヨーク・タイムズ東京支局長 マーティン・ファクラー